La luz de la conciencia

Lucas Cervetti

La luz de la conciencia

Un viaje por nuestra realidad espiritual

KŌAN

c/ Mar Tirrena, 5, 08912 Badalona
www.koanlibros.com • info@koanlibros.com

ISBN: 978-84-949134-2-6 • Depósito legal: B-22.720-2018
Maquetación: Cuqui Puig • Diseño de cubiertas de colección:
Claudia Burbano de Lara • Ilustraciones de cubierta e interior: Gilda Tomasini
Impresión y encuadernación: Liberdúplex
Impreso en España / *Printed in Spain*

Toda enseñanza es como una balsa: hecha para realizar una travesía, pero no hay que atarse a ella.

Buda

ÍNDICE

INTRODUCCIÓN

Inspiro profundamente y recuerdo con nitidez el instante de mi nacimiento en esta vida: estaba saliendo del cuerpo de mi madre (¡el momento tan planeado álmicamente había llegado!), pero no podía disfrutarlo... Las manos del médico y de la enfermera me quitaban la armonía, el aire me pesaba en el cuerpo, la fuerza de la gravedad me dolía y mis ojos no querían abrirse por el ardor que provocaba la luz. La temperatura me hacía comprender que vivir en la Tierra iba a ser una aventura dolorosa, arriesgada y tan compleja como había imaginado antes de nacer. Aunque también sentí el tiempo y comencé a experimentar la emoción de la esperanza. Por un momento, un pensamiento me hizo creer que podía volver a disfrutar del no-tiempo y relajarme. Entonces me llegaron el calor y el amor incondicional de mi madre. Al gozar de la paz de ese instante, experimenté en carne propia la famosa dualidad por la que se conoce el planeta Tierra en los planos superiores.

Así comencé a vivir, escuchando siempre mi interior y durmiendo mucho, pues en el sueño conectaba con mi esencia, que me instruía sobre las experiencias de esta nueva vida. Al despertar no hacía ruido y tampoco lloraba, ya que disfrutaba enormemente de la soledad, del silencio, de la quietud del ambiente y, sobre todo, del amor que me rodeaba.

Con el transcurso de los meses llegaron las estructuras, los horarios y, de a poco, también las presiones externas de la sociedad. Cuando comencé mi escolarización, en el jardín de infantes, disfrutaba con emoción de los árboles, de los cielos y de la vida en sí; pero la injusticia que veía a mi alrededor me dolía. Cuando manifestaba mis sentimientos, las cosas tampoco salían muy bien. Recuerdo, por ejemplo, que en esos primeros años les pedí a mis padres una muñeca de la Sirenita (al ver la película, me había enamorado de ella). Mi madre me la compró con mucho cariño y sin juzgar. Sin embargo, cuando mis compañeros la vieron, se rieron de mí: decían que, como tenía una muñeca, me gustaban los niños. Así fui conociendo el dolor de sentirme diferente y empecé a vivir en consecuencia.

A los seis años entré en un nuevo colegio en el que no conocía a ninguno de mis compañeros. Con la experiencia que traía de mi paso por el jardín, decidí poco a poco construir una nueva personalidad para ser aceptado y, sobre todo, tener la oportunidad de hacer amigos. Intuía que, si mostraba toda mi sensibilidad, volvería a ser el objetivo de las burlas.

Con este nuevo personaje, en apariencia más fuerte aunque también más frío, el éxito social crecía con la misma fuerza que mi inconformidad y mi desconexión interior. Gran parte de las decisiones que tomaba apuntaban simplemente a ser aceptado socialmente. Y así fui creciendo, cada vez más lejos de mi sentir, cada vez más pendiente del afuera. Si bien, por momentos, en mi hogar, junto a mis padres y mi hermano, se revelaba mi verdadera esencia: la sensible y cariñosa.

Los años pasaban y la introspección se abría camino a paso lento. Empecé a oír voces en mi cabeza. No podía descifrar de qué se trataba, y aún hoy no puedo explicar qué es lo que sucedía, pero lo disfrutaba muchísimo.

Durante mis años de adolescencia, la conexión con almas desencarnadas se multiplicó, por lo que me visité con distintos psicólogos para intentar abordar el tema. Al mismo tiempo, mi personalidad forzada estaba dando sus frutos: era respetado, admirado y pronto, eso creía, llegarían las chicas. En la superficie todo funcionaba a la perfección. Llegó la época de las fiestas, la noche, los bares y el alcohol, y tuve en mis manos las dos caras de una moneda. Pues, cuando me emborrachaba, el mundo se frenaba para mí, y comenzaba a vislumbrar el sonido de mi corazón y a sentir mi esencia.

Durante aquellos años estaba bien perdido, sumergido en la creencia que me había impuesto la sociedad. Pero el Universo y mi hermana Lucía me dieron un inmenso regalo, el primer eslabón de una cadena de cambios. Con tan sólo tres años, mi hermana dejó este plano. Fue tan fuerte lo que generó en mí su partida que únicamente me interesaba encontrar respuestas a las preguntas más profundas: ¿qué es la vida? ¿Por qué y para qué nacemos? ¿Por qué sufrimos? ¿Qué hay después de la muerte?

Mientras me cuestionaba todo en silencio, el sistema social me arrastraba y yo cumplía con él. Hasta que el día que cumplí veinte años, en medio del festejo, mientras me encontraba drogado, con mi centro completamente desalineado y en un caos absoluto, tuve una experiencia que cambió mi vida drásticamente: mi corazón se detuvo. En ese instante, un ser, que hasta el día de hoy guía mi camino, se me acercó y se presentó como Dios; me dijo que lo que yo estaba sintiendo era un infarto y que mi corazón había dejado de funcionar. Estaba experimentando la muerte física.

Puedo asegurar que morir no duele, tan sólo me desgarraba la angustia de saber que mi muerte mataría a mi madre (ella no tendría fuerzas para soportar la pérdida de otro hijo) y también la frustración de haber desperdiciado una bella y joven encarnación. Lo poco que quedaba de mi personalidad le pedía perdón a aquel ángel, que me preguntó: «¿Te das cuenta de que pusimos en ti una hermosa, sensible y amorosa personalidad, y que la ocultaste por miedo?». Mientras intentaba comprender sus palabras, seguía pidiendo disculpas y rogaba por regresar a mi cuerpo para no lastimar a mi madre.

En ese mismo instante comenzó a responderme todas las preguntas que venía haciéndome desde la muerte de mi hermanita. Todo al mismo tiempo, cientos de miles de respuestas. Me habló del acuerdo álmico que yo tenía con ella, que parte de su propósito de vida había sido colaborar en mi proceso del despertar de conciencia. También me explicó el proceso del Universo, la historia de la Tierra y la función de la humanidad en este planeta. Me ayudó a recordar por qué había elegido a mis padres, a mis hermanos, el país y el contexto en que había nacido. Me contó la importancia de la alineación de los planetas y su influencia en nuestra personalidad. Y me llevó a entrar en mi historia álmica para que comprendiera de dónde vengo, por qué decidí nacer en la Tierra y cuál era mi propósito en esta encarnación.

Yo había dejado el cuerpo, y mi alma ya no se encontraba atada a las leyes del tiempo y el espacio. Mi nivel de conciencia era tan alto que podíamos compartir infinitas conversaciones en el mismo instante. No hizo falta que me dijera que a partir de aquel momento debía entregar todo el amor que pudiera, ya que me había quedado clarísimo que el Universo-Dios es amor y que nosotros somos parte de su cuerpo; por lo tanto, sólo tenía que trabajar en reconocer esta energía en mí y dejarla ser.

Es imposible escribir toda la información que recibí esa noche, ya que no me alcanzarían los días de esta vida para ponerlo en palabras, pues lo viví en la eternidad del no-tiempo y del no-espacio. Todas las preguntas que me nacían me las contestaba antes de que llegara a formularlas. En medio de este torbellino existencial le pedí volver a mi cuerpo y me dijo: «Vas a vivir el primer milagro de tu vida. Un corazón que estalló volverá a latir». Fue entonces cuando me encontré otra vez en mi cuerpo y, aunque abrí los ojos, seguía conectado con el ángel, que, sin parar de instruirme, me dijo: «Sé feliz y realiza tu propósito, que por algo estás en la Tierra».

Esa noche los valores de mi vida cambiaron para siempre. Comprendí que tenía en mi mano la llave hacia la libertad, la plenitud y la felicidad. Sólo tenía que hacerme cargo de ello y enfrentarme a la sociedad.

Todavía hoy sigo ordenando, integrando y comprendiendo toda esa información. Sé que tengo un propósito: despertar mi esencia y mi conciencia en este cuerpo, aquí y ahora. Y por eso escribí este libro, para compartir con tu corazón toda la información que me hizo libre.

Tal vez estas páginas logren acompañarte en tu proceso hacia el amor.

Que lo disfrutes.

Te amo intensamente. No te conozco, pero te amo porque somos lo mismo, células de un gran cuerpo.

Sé libre y despierta.

LUCAS

LA VERDAD

¿Cuál es la verdad? ¿Quién la tiene? ¿Qué es? ¿Dónde está? Siento que, como humanos, a veces perdemos la conciencia de lo que significa estar vivos en un cuerpo, en un planeta y en una realidad cuya mayor riqueza es nuestra diversidad, nuestros distintos puntos de vista, maneras de pensar y de sentir. Nuestro tesoro más preciado son nuestras diferencias. Entonces, ¿por qué necesitamos aferrarnos a una verdad? ¿Podemos aprender a vivir con una verdad en movimiento? ¿Podemos vivir con una verdad que jamás se vea amenazada por la verdad del otro, sino que la complemente?

Siento que tener una porción de duda, junto con una de fe, es la fuente de la sabiduría y el caminar libre. Cuando nos paramos en una verdad absoluta, automáticamente negamos todo nuevo conocimiento. Es imposible aprender y crecer cuando nuestro vaso está lleno.

¿Podemos animarnos a aprender de un maestro espiritual que también acepte que hay veces que está perdido? ¿Podemos arriesgarnos a aprender de un maestro espiritual que deje su vulnerabilidad al descubierto? ¿No es nuestra realidad un espacio-tiempo para experimentar la confusión mezclada con la certeza y aprender a vivir con ello?

Creo que construimos nuestro camino a medida que aprendemos a vivir con nuestra naturaleza humana. Con verdades que podemos compartir para que sigan evolucionando y creciendo en nosotros, para que sean cuestionadas y ver así cuánto pueden ayudar a comprendernos y acompañarnos para ir resolviendo poco a poco los grandes misterios que viven con nosotros desde que el primer humano pisó la Tierra.

Como veremos más adelante, los dogmas y creencias rígidas son la fuente de nuestras enfermedades. Por eso, no quiero que creas todo lo que digo. Yo te invito a analizarlo, a ponerlo a prueba y a practicarlo en tu vida. Si te sirve para conocerte un poquito más, bienvenido sea.

Todo lo que vas a encontrar en este libro son mis verdades en movimiento. Lo que descubrí hasta ahora. Mi deseo es que sirva para ayudar en la evolución de las tuyas o para dudar de ellas. Pero no como una verdad competidora, sino como una verdad amiga que, por añadidura o contraste, busca expandir la tuya.

Al fin de cuentas, la verdad absoluta y completa es imposible de descubrir desde nuestra naturaleza, ya que está compuesta de todas las pequeñas e infinitas verdades que existen.

EL PROCESO DEL UNIVERSO, DE LA GALAXIA Y DE LA TIERRA

Como reza la famosa frase que, dicen, se encontraba en el oráculo de Delfos: «Conócete a ti mismo y conocerás el Universo». Y es que la parte más pequeña de cualquier cosa contiene la misma información divina que la más grande, y ambas, como todo, están siempre en movimiento. Como la Luna, que gira alrededor de la Tierra, que a su vez gira alrededor del Sol, que, según mi visión personal de la galaxia, orbita alrededor de otra estrella en la Vía Láctea, que tampoco está quieta.

Cualquier cosa que podamos imaginar forma parte de algo que es parte de algo mayor, y así hasta llegar a lo más grande, al todo, que también es la nada. Del mismo modo, cada uno de nosotros somos un pequeño gran Universo, pues tenemos células que viven y realizan su experiencia en nuestro cuerpo creando vida para hacerlo funcionar. Estas células, a su vez, están conformadas por elementos menores que les dan vida, y así podemos seguir adentrándonos hacia lo más mínimo hasta llegar a la nada, que también es el todo. La creación completa es un absoluto fractal, cuyas estructura y patrón se repiten infinitamente hacia lo micro y hacia lo macro. Esto sucede en constante movimiento y en el Universo entero, en el que conviven millones de especies diferentes y seres de todas las dimensiones.

Todos nosotros aprendemos algo cada día, así adquirimos mayor conciencia. Lo mismo sucede con las familias, los pueblos, las sociedades, los países, los continentes, los planetas, los sistemas planetarios, las galaxias y el Universo. Todo avanza y crece en conciencia.

Nuestra Galaxia, incluidos el Sistema Solar, la Tierra y, por supuesto, la humanidad, está dando un salto evolutivo de conciencia y, a su vez, terminando un ciclo para comenzar otro. Esto, a nivel físico, se debe a los movimientos astronómicos que realizan los planetas, las estrellas y demás.

Nuestro Sol necesita casi veintiséis mil años terrestres en dar una vuelta completa a su estrella. En este movimiento, el Sistema Solar completo atraviesa distintas energías que influyen en todos los planetas que orbitan a su alrededor. Lo mismo sucede cuando la Tierra gira alrededor del Sol. Sabemos que no nos sentimos igual cuando la Tierra nos está ofreciendo la estación de invierno que cuando nos ofrece el verano. Claramente nuestra energía interior varía de una estación a otra, pues nos sentimos distintos. Esto también ocurre a escala mayor.

La Tierra es un gran ser vivo y, al igual que nosotros, está experimentando un proceso de evolución. Evidentemente, su camino es bien distinto del nuestro, pero, al fin y al cabo, es experimentación y crecimiento también. En su proceso, que ya lleva millones de años, ha estado cubierta de fuego y hielo, ha recibido el impacto de diversos asteroides y quién sabe qué situaciones más ha atravesado. Actualmente, y con relación a los grandes cambios antes comentados, vivimos un momento único, pues Gaia (el espíritu de la Tierra) ha decretado dar un salto cuántico de vibración. Como veremos más adelante, eso significa que la Tierra, que desde hace miles de años vibra en tercera dimensión en su superficie, comenzará a vibrar en quinta; lo que, dicho de otro modo, significa llegar al amor incondicional o, como lo llaman en las escrituras religiosas, «el Cielo en la Tierra».

El 21 de diciembre de 2012 comenzó un nuevo año solar, que durará 25.625 años terrestres. Energéticamente, ello conlleva muchos cambios, pues comenzamos a transitar una nueva era. Ésta es la alineación galáctica que Gaia aprovechó para dar el salto cuántico de vibración. Esto quiere decir que, si la Tierra nos venía enseñando lecciones de tercera dimensión, a partir de esta fecha comenzó a enseñarnos de la cuarta y la quinta.

Al tratarse de un proceso astronómico de muchos años, no podemos pretender que de un día para el otro cambie toda la vibración del planeta y que todos los humanos repentinamente amemos de manera incondicional, porque eso sería irreal e imposible. Veámoslo con un ejemplo a menor escala: no es que el 20 de septiembre en el hemisferio sur de la Tierra estén todos los árboles pelados y sea invierno, y que, al día siguiente, ya estén todos los árboles floridos y haga calor de primavera. Lo natural es un proceso paulatino. Antes del 21 de septiembre había días de primavera y, luego de ese día, seguirá habiendo días de invierno. Así, desde unos ciento cincuenta años antes del 21 de diciembre de 2012 y hasta otros ciento cincuenta después, nos encontramos en un proceso de transición. Durante estos trescientos años, la tercera, cuarta y quinta dimensión estarán conviviendo en una misma realidad. Hay planetas en los que la cuarta dimensión es un estado prolongado; aquí constituye tan sólo la transición necesaria entre la tercera y la quinta.

Los que estamos viviendo estos tiempos somos el cambio. De hecho, podemos observar cómo se han acelerado los avances de la humanidad a partir del 1850 d.C. Este proceso continuará y se irá incrementando en los próximos ciento cincuenta años, cuando estemos listos para vibrar y vivir totalmente en amor incondicional.

Conexión y desconexión: trece mil años de día y de noche solar

Durante el ciclo de casi veintiséis mil años, se pasa por un período de trece mil en que la energía del centro galáctico nos llega de manera directa, y otros trece mil en los que la misma energía llega con mayores obstáculos, dejándonos una etapa de mayor conexión y otra de desconexión.

Cuando estamos atravesando los años de conexión, que llamaremos día solar, todos los que habitamos en la Tierra estamos conectados con nuestra esencia: sabemos por qué estamos aquí y cuál es nuestro propósito, sentimos la divinidad en todo y en todos; como humanidad, usamos principalmente el hemisferio derecho del cerebro y, por sobre todas las cosas, vivimos vibrando desde el corazón.

Cuando estamos atravesando los años de desconexión, o sea, los años que llamaremos de noche solar, todos los que habitamos en la Tierra, al nacer, olvidamos quiénes somos, por qué hemos elegido nacer aquí y para qué hemos nacido. Como humanidad, usamos principalmente el hemisferio izquierdo del cerebro y, por lo tanto, nos identificamos con el ego (personalidad), por lo que nos mareamos con cuestiones que parecen ser trascendentes, pero no lo son, y perdemos aparentemente el rumbo.

Todo esto es perfecto, todo tiene una razón de ser en el Universo, nada es azaroso. No es que tengamos mala suerte o que se nos haya castigado a vivir la noche solar, al contrario: en estos años ponemos en práctica, desde la desconexión, lo aprendido en los años de conexión, y vivimos desde el ego para, vida tras vida, evolucionar y ponerlo al servicio del corazón.

Durante el día solar, cultivamos el hemisferio derecho del cerebro, que por naturaleza sabe sentir, intuir y fluir en la vida. Durante la noche, vivimos desde el hemisferio izquierdo, dueño de la lógica, la estrategia y la razón. Durante este nuevo año solar que acaba de comenzar, aprenderemos a integrar estos dos hemisferios, para vibrar al fin con todo el potencial del ADN humano.

Si tenemos en cuenta lo que sabemos de los que habitaron la Tierra antes que nosotros, podemos ver que hubo trece mil años de conexión, en los que se desarrollaron las civilizaciones de la Lemuria y de la Atlántida, que hoy algunos recuerdan como «la época dorada». A lo largo de ese período, la humanidad vibró desde el hemisferio derecho del cerebro, con toda la sensibilidad y las capacidades mediúmnicas y telepáticas que éste posee. Se vibraba en amor, había un profundo respeto por la vida y por la esencia divina que está en todo, y los avances tecnológicos estaban al servicio del corazón. Terminados estos trece mil años, la humanidad comenzó a experimentar la desconexión y a vibrar desde el ego, sin recordar el plan álmico original y la verdadera función del ser humano en la Tierra. Fue en ese momento cuando los líderes, ancianos y sacerdotes de la Atlántida fundaron con sus conocimientos las míticas civilizaciones de los mayas, los incas, los sumerios y los esenios, entre otras, para continuar con el legado de amor que trece mil años más tarde comenzaría a florecer nuevamente. En ese cambio de era se construyeron las pirámides que se encuentran en los actuales Egipto y México, y que funcionaron como conectores entre el Cielo y la Tierra durante los años de noche solar que acaban de terminar.

Los humanos funcionamos como enchufes de energía y conciencia en la Tierra. Nuestro propósito como especie es traer el «Cielo a la Tierra» a través de nuestras creaciones. Además, Gaia necesita de nosotros para evolucionar. Al estar desconectados, nos pasamos casi toda nuestra vida pensando en el pasado y en el futuro, sin habitar el presente, pero sólo aquí y ahora podemos inyectar la energía universal en la Tierra; sólo si reconectamos con nuestra esencia podremos colaborar a través de nuestro proceso evolutivo con el del planeta. Nunca podremos canalizar esta energía divina si pasamos todos nuestros días pensando en cómo ganar más dinero, en cómo conseguir pareja o en cómo llegar a ser exitosos e importantes para la sociedad.

Naturalmente, cuando la Tierra vive estos cambios de era y de energía, todo su cuerpo se reacomoda. Emergen volcanes, soplan tornados, suben las aguas y la corteza terrestre se mueve generando terremotos y tsunamis. Hoy somos muchos los que comenzamos a conectarnos con nuestra esencia para habitar el presente y así logramos canalizar la energía divina del núcleo de la Galaxia en la Tierra y apaciguar las catástrofes naturales.

YO SUPERIOR, MEDIO E INFERIOR: EL ESPÍRITU, EL ALMA Y LA PERSONALIDAD

Nuestro espíritu es sabiduría y amor en perfecta armonía, nuestra parte más pura y divina, nuestra esencia. Es Dios, es Universo, y vibra en el plano más elevado de la conciencia universal, donde está fundido con el todo y el todo se funde en él, en ese lugar que solemos llamar La Fuente. Nuestros espíritus son una parte fundamental de la conciencia divina. Si el Universo tuviese un cuerpo, cada espíritu sería como una célula que puede optar por recorrer el cuerpo completo y así experimentar.

El espíritu no puede comenzar a recorrer el cuerpo del Universo-Dios sin un vehículo adecuado, ya que deberá atravesar distintos niveles de conciencia, a los que llamamos dimensiones. Por esta razón, en un proceso imposible de comprender para nuestro nivel de conciencia humano, el espíritu crea el alma, el vehículo que le posibilitará recorrer todo el cuerpo de Dios y que se adaptará a cada dimensión a medida que vaya pasando las distintas experiencias.

A su vez, el alma, para poder experimentar en las distintas dimensiones, debe incorporarse dentro de otro vehículo que vibre acorde a la dimensión elegida. Ahí es cuando nace en un cuerpo como el que tenemos en la Tierra. Cuando el cuerpo ya no le sirve para lo que ha venido a hacer en esta vida, lo deja y, al cabo de un tiempo, nace en otro, ya que el alma suele tener varias encarnaciones en un mismo nivel de conciencia. Encarnación tras encarnación, el alma experimenta todo lo que desea en esa dimensión y muta hacia otra.

El espíritu viaja en el alma
y el alma viaja en el cuerpo físico.
Nuestro cuerpo físico es al alma
lo que el alma es al espíritu.

A pesar de que el alma se encarna en un cuerpo físico, habita muchas dimensiones simultáneamente, y por eso sabe toda nuestra verdad. Sabe por qué ha elegido nacer con una representación física concreta, por qué ha elegido esos padres, ese tiempo, ese contexto y ese país donde se encarnó. Por eso, lo mejor que podemos hacer es conectar con su sabiduría o, dicho de otro modo, canalizar.

El alma decidirá. Y, según el karma que desee aprender y el propósito de esa encarnación, entrará íntegramente en el cuerpo o no. De hecho, si realiza una encarnación en la que sus acciones influirán en muchas otras almas, seguramente entrará íntegramente; por ejemplo, dicen que el alma que se encarnó en Jesús entró completa.

El Yo Superior es justamente nuestro ser en un nivel de conciencia más elevado que el nuestro en la actualidad y que convive con nuestra conciencia de tercera dimensión. Por eso a veces se puede ver al Yo Superior como algo externo, pero en realidad somos nosotros mismos. Es la sabiduría y el amor que somos en nuestro estado de conciencia más puro.

Si logramos estar abiertos en conciencia y vibrar alto, podemos canalizar a nuestro Yo Medio y Superior; podemos incluso mantener una conversación con ellos para recibir información y consejos que nos guiarán para seguir el camino que vinimos a transitar en la vida. Muchos rituales y ceremonias indígenas inducen este estado a través de plantas sagradas. Puedo asegurar que es posible llegar a vivir altos niveles de conciencia sin ingerir nada.

El Yo inferior, por su parte, es el ego y la personalidad. Es el que comúnmente rige los valores en nuestra sociedad, ya que la mayoría de las personas se sienten identificadas solamente con él.

Podemos resumir los tres niveles de identidad del ser de la siguiente manera:

Personalidad, ego = Yo inferior
Alma = Yo Medio
Espíritu = Yo Superior

Como veremos en el capítulo de los guías espirituales, además de conectar con todo el potencial de nuestro propio ser, también podemos canalizar seres externos como guías o almas afines. La diferencia entre conectar con nuestro propio ser y con uno externo depende del propósito que vayamos a realizar. Particularmente siento que, si estamos conectados con nuestro Yo Medio, ya tenemos todo lo que necesitamos para avanzar libres, felices, en armonía y en paz hacia nuestro propósito álmico que es la vida. Por eso recomiendo intentar poner el Yo inferior al servicio del alma. No obstante, en ocasiones necesitamos el apoyo de otros seres, pero de eso hablaremos más adelante.

El alma sabe la verdad: sólo hay que intentar traerla aquí.

Una observación interesante es el origen de las palabras *personalidad* y *persona*. Esta última viene del latín y significa «máscara de actor, personaje teatral».

Al hablar a través de la personalidad es común que nombremos al alma «mi alma», y al espíritu, «mi espíritu». Pero sugiero una reflexión para recordar cada vez que lo hagamos: si hablamos de «mi alma» o de «mi espíritu», afirmamos que tenemos una alma y un espíritu que son de la personalidad, cuando en realidad es al revés, pues somos un espíritu que tiene una alma y ésta a su vez tiene un cuerpo físico con personalidad.

No tenemos una alma y un espíritu. Somos espíritu, somos alma y tenemos un cuerpo.

EL CAMINO DEL ALMA

Como vimos en el capítulo anterior, todo comienza cuando el espíritu, a través del alma, desea viajar a través del cuerpo de Dios-Universo. Así empieza a recorrer distintas dimensiones, galaxias, sistemas solares, planetas y formas. Lo importante es experimentar el todo, porque todas las formas son abundantes en experiencias y sabiduría. Poder ser un mineral, un vegetal, un animal o un ser humano es un regalo fantástico del Universo.

A partir de este punto es posible hablar de la evolución del alma en los planos materiales. Lo habitual es lo que podemos llamar un camino ascendente de evolución. Una alma elige experimentar ser algún mineral y así comienza a evolucionar en conciencia. Por ejemplo: para sentir la vibración del amor incondicional utilizará como cuerpo un cuarzo rosa. Luego, para incorporar la capacidad de transmutar vibraciones densas en altas, será una amatista, y así sucesivamente. Como los minerales experimentan una sola función, llegará el momento de realizar más de una a la vez. Ahí, el alma elegirá como cuerpo el de un vegetal, como podría ser el de un grupo de plantas que realiza funciones simultáneas, como captar la energía del Sol para anclarla en la Tierra, realizar la fotosíntesis y hasta estar conectada con otras dimensiones en simultáneo, como es el caso de la planta de marihuana. Tras incorporar las funciones de los cuerpos vegetales, el alma comenzará a experimentar en cuerpos animales. Pasará de insecto a reptil, luego será un mamífero, y así estará cada vez más cerca del cuerpo más completo y complejo de la Tierra, el cuerpo en donde se experimentan todo tipo de emociones: el ser humano, aquel en el que se fusionan todos los sistemas energéticos.

Es importante comprender, sin embargo, que en el Universo todo es posible y que a veces el camino de experimentación no es ascendente, de forma que, por ejemplo, una alma muy evolucionada decida experimentar ser una planta, porque nunca lo vivió de la manera en que se ofrece aquí en la Tierra.

Planificación de una vida-encarnación

El alma planea cada detalle de la encarnación aconsejada por sus guías. Cada uno de ellos está especializado en una temática en particular para que el alma tome la mejor decisión. Nada se deja al azar. En un nacimiento no existe la casualidad ni nada que se le asemeje.

Según su historia, su karma y todo lo que decida dar y recibir en el planeta, el alma elige una biología (es decir, a sus padres y su árbol genealógico, y el ADN preciso que le permitirá desarrollar el cuerpo que quiere). Elige también un nombre, un contexto social, una época, un país y un barrio. Elige incluso el colegio, porque es consciente de que sus futuros compañeros y las experiencias que vivirá con ellos serán trascendentes en la formación de su personalidad. El alma lo elige todo y, según sea su propósito de vida, puede esperar años, décadas, siglos e incluso milenios para encarnarse, porque la energía que necesita para llevar a cabo sus planes puede que sólo se dé en un determinado día, tiempo y espacio.

Según la astrología, la relación entre los planetas y las constelaciones nos influye de manera directa. Es decir que toda la percepción de la realidad del alma encarnada estará condicionada por la alineación del Universo. No es lo mismo nacer cuando el Sol está en Piscis que cuando está en Tauro, y no da lo mismo si Júpiter o Urano están en Virgo que si están en Acuario, y es que la disposición de los planetas forja una energía que se impregnará en la energía del alma una vez que se encuentre en el plano físico. La personalidad es una herramienta muy valiosa para el desarrollo del alma y no le sirve cualquiera. Por ejemplo, si el alma quiere experimentar la sensibilidad en la música o en el arte, seguramente va a elegir nacer bajo una gran influencia de Piscis, Escorpio o Libra. Si quiere experimentar el liderazgo en algún grupo o contexto social, seguramente elegirá la influencia de Leo.

Hay que subrayar que, a mayor evolución del alma, menor posibilidad de encarnaciones. Ello sucede porque su propósito de vida es mucho más concreto y, por consiguiente, las ocasiones en las que le viene bien encarnarse son menores, como sucede con una alma crística como la de Jesús. De hecho, nació hace dos mil años aproximadamente porque ese día hubo una alineación astrológica específica que le permitió la posibilidad de materializar energía de muy alta vibración en un cuerpo humano (la estrella de Belén de la que hablan los textos bíblicos tiene que ver con ello). Jesús no podría haber sido Jesús si hubiese nacido antes o después. Almas tan influyentes como las de Aristóteles, Steiner, Einstein y muchas otras también esperan largo tiempo a que se den ciertas circunstancias planetarias para arribar a la Tierra.

> *El día en que salí del cuerpo y recibí toda esta información, recordé detalles precisos de cuando planifiqué esta vida. Recordé por qué había elegido nacer el día en que nací, por qué había escogido a mis padres, este lugar y esta época. También recordé haber elegido a mis hermanos y recibir una importante influencia de éstos sobre mí, porque sin ellos no podría haberme desarrollado como quería hacerlo. Recordé por qué había elegido el colegio al que me mandaron mis padres. También, por qué escogí mi nombre, Lucas. De hecho, durante todo el embarazo, mi nombre iba a ser Bruno, pero unos días antes de que naciera mi madre misteriosamente cambió a Lucas. Veinte años más tarde comprendí que Lucas vibra armó-*

nicamente con mi energía álmica y Bruno no. Es decir que, si cada alma tiene una energía específica, el nombre terrenal debe contener una vibración armónica y armoniosa con el alma para que pueda expresarse adecuadamente en este plano.

En definitiva, es importante comprender que todo es perfecto siempre.

Algunas veces, el ego, por estar sumergido en la maraña de la sociedad, nos juega una mala pasada y nos lleva a angustiarnos por nuestra realidad; pero nacemos con todo lo que nuestra alma tiene planificado. Si comprendemos esto, surge la posibilidad de sanar.

Si echas la culpa a tus padres por no haber incentivado tus capacidades artísticas, es hora de hacerse cargo de ello y sanar. Si te angustia que tu cuerpo no sea como el de las modelos, es hora de reconocerte y sanar. Si te angustias por no haber nacido en otro país o incluso otra época..., recuerda: acepta y sana.

Las carencias del ego son justamente los puntos en los que debemos trabajar para poder vivir en armonía, plenitud y felicidad.

PROPÓSITOS DE VIDA: POR QUÉ NACEMOS EN LA TIERRA

Como ya vimos, nadie se encarna en un cuerpo por azar o por decisión ajena. Cada alma toma esta decisión con mucha seguridad. Una encarnación es, pues, algo que se planifica al detalle y cada alma nace con un propósito de vida. Es decir, habiendo determinado los pasos que daremos en nuestra encarnación, la sucesión de experiencias y hechos que la conformarán. Ser hijo, hermano, sobrino, amigo, alumno, maestro, empleado, jefe, etc., son propósitos de vida que el alma decidió desarrollar, para aprender y brindar enseñanzas. Por eso es esencial estar bien presente en cada paso que estemos dando, por insignificante que nos parezca, sin mirar al futuro, al final de la escalera. No se puede dar un paso sin el otro.

Puedo poner el ejemplo de mi experiencia como camarero durante un mes de mi vida. Fue una experiencia breve, pero ese paso fue sumamente importante en mi camino y aprendí muchí-

simo en ese escalón. Di lo mejor de mí y también recibí lo justo. Tanto que hoy en día me doy cuenta de que el propósito de mi vida en ese momento era ser camarero y que fue muy importante haber estado centrado en ese presente para sacarle todo el jugo posible. De haber estado, durante todo ese mes, pensando en mi proyecto musical, sin estar presente en lo que vivía, posiblemente habría pasado meses o años con desgaste y sufrimiento, por no estar concentrado en aprender lo que el Universo tenía para darme allí. Entonces comprendo que en mi camino fue tan importante estudiar música, dar clases, grabar discos, dar cursos y escribir este libro como haber trabajado de camarero.

Para saber cuál es nuestro camino de vida resulta esencial estar conectados con nuestro sentir, pues allí está la brújula que nos mantendrá siempre en la ruta del alma. Para conocer nuestro sentir podemos prestarles atención a las cosas que nos hacen bien, las que nos mantienen alegres. ¿Qué actividades son las que, cuando las realizamos, hacen que los pensamientos y el tiempo se frenen, nuestra alma quede al descubierto y el gozo sea puro? ¿En qué lugares nos sentimos realmente a gusto?

Mi sentir es crecer día a día, expandir mi conciencia, amar cada día de manera más intensa y poder compartir todo esto con mis hermanos y compañeros de vida. Los cómo me los va dando el Universo según las cosas que más me gusta hacer. Amo estudiar música y tocar el piano; entonces, desde allí doy todo lo mejor de mí y grabo canciones. Amo contar lo que voy aprendiendo sobre cómo funciona nuestro Universo; entonces, surgen los cursos y este libro. Así la vida misma se va abriendo de pequeños propósitos en pequeños propósitos hasta que culmine el gran propósito del alma que fue esta encarnación.

Nuestro propósito de vida consta de dos partes que están directamente relacionadas, y es que todos nacemos tanto para recibir de este planeta como para dejar algo en él (y a los seres que lo habitan: vegetales, animales, sistemas sociales, etc.). Como personas, somos el resultado de la suma de todas las creaciones (el lenguaje, la música, la ciencia, la tecnología, la cultura, etcétera) que han dejado nuestros ancestros, del mismo modo que los que vengan detrás serán fruto también de las nuestras.

El recibir es todo lo que hemos venido a aprender, todos estamos aquí para eso. El alma nace con un cuerpo físico para crecer y evolucionar en esta realidad; este planeta hoy es su escuela. Todas las almas y sistemas con los que interactuamos son nuestros maestros.

El dar es todo lo que venimos a enseñar y a dejar en el planeta. Nuestra manera de sentir y de pensar, nuestras creaciones, la huella que dejamos en todos los seres con los que interactuamos, la sabiduría y el amor que inyectamos en los sistemas sociales de los que formamos parte...

Si vinimos al mundo a expresarnos a través de la pintura y no lo hacemos, no podremos realizarnos. Y si no nos realizamos, no lograremos sentirnos plenos, y siempre nos faltará algo. No es que el alma decida venir a la Tierra sólo para pintar, sino que allí es donde fluirá y la persona se conectará con su esencia para cumplir al unísono el dar y el recibir que en algún momento eligió antes de encarnarse. Pues, cuando esa persona pinta, está sanándose y aprendiendo; por lo tanto, está evolucionando. Como consecuencia, expandirá todo eso a través de sus pinturas. Si una persona nace con un don gigantesco para la pintura y, por miedos impuestos por la sociedad, no logra hacerse cargo de su talento y no se dedica a pintar, estará en una encrucijada toda su vida y un vacío crónico anidará en su energía. Al animarse y hacerse cargo de su propósito de vida, la magia sucede y se obtiene todo lo necesario para manifestarse en el mundo con el arte y embellecer la vida de quienes interactúan con ella. Es decir, si una alma elige que en su encarnación su medio de vida sea la pintura, es porque ésta le proporcionará todos los medios materiales que necesita para desarrollarse sin complicaciones aquí en la Tierra. Y así podemos verlo si analizamos la historia de las personas que dejaron un hermoso legado en el planeta y a la humanidad: siempre lograron trascender sus profesiones porque se lanzaron y, al hacerlo, la magia del Universo actuó trayéndoles todo lo que el alma quería experimentar, para así facilitar su despliegue (si eso no sucede es porque el alma no quería experimentarlo realmente o porque hubo grandes miedos y bloqueos de la personalidad).

Es por todo esto que el dar y el recibir del propósito de vida están directamente relacionados. Pues, cuando estamos dando, estamos recibiendo; y, cuando estamos recibiendo, estamos dando. No puede ocurrir el uno sin el otro.

Para vivir tu propósito de vida, fluye con el Universo. Si éste te trae calma, disfruta; si te trae estudio, estudia; y si te trae muchas horas de trabajo, trabaja. Siempre siguiendo el sentir del corazón. La vida está conformada por muchas etapas, la clave es estar presente en cada una, nunca adelantarnos, tampoco atrasarnos. Sólo debemos estar seguros del próximo escalón que hay que subir. Con el próximo basta porque, muchas veces, conocer los próximos cinco o seis escalones puede causarnos ansiedad, y ésta no es una emoción que colabore con el propósito de vida, ya que, cuando vibramos en ella, estamos pensando de más (en qué hacer para que las cosas sucedan) y bloqueamos los planes del Universo. Pongo un ejemplo: si en el camino de alguien está escribir un libro y, antes de terminarlo, ya piensa en cómo logrará editarlo y comienza a ir a todas las editoriales, es probable que se fastidie el proyecto, porque lo que verdaderamente siente que debe hacer es escribir. En cambio, si fluye con el sincero sentir de su corazón y sólo se dedica a escribir el libro confiando en que el Universo le traerá por sincronía lo que le tenga que llegar a su vida en su debido momento, llegará la persona justa para editarlo. Y si está centrado en el fluir, confiando en él, comprenderá entonces que, si no llega nada, es porque no era el momento o porque la forma de editarlo es una que aún desconoce. Lo importante es estar siempre en el movimiento de la vida, pero sin esperar a cambio que las cosas sucedan, sólo confiando en que sucederá lo que deba suceder en el tiempo preciso.

Nadie puede decirte a qué viniste:
esa respuesta sólo reside dentro de ti.

DIMENSIONES: LOS NIVELES DE LA CONCIENCIA

El Universo está organizado en varios niveles de conciencia a los que podemos denominar dimensiones. Esto quiere decir que, según la capacidad de apertura de conciencia y de amar que se tenga, se habitará conscientemente en una u otra dimensión (las cuales conviven simultáneamente, a pesar de ser distintas realidades). Aunque ya hay personas que comienzan a percibir la realidad en cuarta dimensión, la mayoría de la humanidad habita únicamente la tercera dimensión, y la percepción que tenemos acerca del tiempo y el espacio es exclusiva de este último nivel de conciencia. Tanto lo que percibimos a través de los sentidos físicos como nuestra capacidad de expresión social vienen determinados por la tercera dimensión. Por esto mismo, resulta imposible explicar con palabras cómo es una cuarta, quinta, sexta o séptima dimensión. Pues las palabras sólo representan un pequeño porcentaje de la realidad. Si a veces hasta resulta difícil explicar sensaciones y sentimientos, ¿cómo no van a resultar escasas para expresar algo de otra realidad? ¡Sería como intentar explicarle a un ciego cómo son los colores! Es imposible, pues en su realidad los colores no existen. Por este motivo, para comprender otras dimensiones hay que recordarlas mientras las experimentamos. El ser humano tiene la capacidad para multidimensionar. Esto quiere decir que, desde la tercera dimensión, podemos elevar nuestra vibración hasta vislumbrar una cuarta y hasta una quinta.

No estoy seguro de cuántas dimensiones existen realmente. En el momento en el que salí del cuerpo a mis veinte años, comprendí la cuarta y la quinta. Mi alma y mis guías me hablaron de los seres que habitan en la sexta y la séptima. Oí a gente muy notable decir que hay hasta veintiuna dimensiones, aunque intuyo que son muchas más... En cualquier caso, el Universo es inmenso e infinito, y creo que nuestra capacidad humana actual aún está lejos de comprender más allá de una quinta dimensión (con excepción de algunos humanos, claro, aunque nunca conocí a nadie que comprendiera plenamente más allá, pues estaríamos hablando de un Cristo).

Por otro lado, no es que la quinta sea más importante que la cuarta y ésta más que la tercera. Todas son igual de trascendentes para el Universo. Sin embargo, como humanos hemos tenido que organizarlas numéricamente para poder hablar de ellas y comenzar a comprender. De todos modos, de lo que podemos estar seguros es de que en las dimensiones a las que hemos dado números más altos hay mayor nivel de conciencia, se vibra más alto y, por ende, el amor es más intenso y auténtico.

Cuando hablamos de vibraciones, hablamos de niveles de frecuencia. Podemos ver que, si una frecuencia es baja, su onda es lenta. Mientras que, si es alta, su onda es rápida. Cuando un ser vibra alto, sus partículas se mueven mucho más rápido que cuando vibra bajo. Ésa es la razón por la cual no solemos ver ni duendes, ni ángeles, ni naves extraterrestres con nuestros ojos físicos. Nuestros ojos vibran a una determinada velocidad y estos seres vibran mucho más rápido. Esto quiere decir que su naturaleza es más rápida que nuestra realidad. Sin embargo, son muy comunes las historias de personas que fueron a un bosque donde tomaron fotos del paisaje y luego, al mirarlas, vieron allí duendes o una serie de luces. Esto sucede justamente porque la cámara toma una fotografía de un instante preciso, literalmente congela un momento, que para la velocidad de nuestros ojos es imperceptible. Y es que, como ya comentamos, estamos experimentando desde espíritu, alma y cuerpo todas las dimensiones al unísono, aunque en este momento sólo somos conscientes de la tercera.

Vimos también que el Universo está en constante movimiento, en constante expansión. Y, cuando nacemos en una realidad bien densa, en desconexión, y desde allí logramos reconocer nuestra esencia despertando todo el potencial del alma y del espíritu, participamos de su evolución.

Actualmente, como almas, humanidad y planeta Tierra, desde la tercera dimensión, estamos logrando poco a poco reconocer la cuarta y la quinta; comenzamos a percibir la vibración de todo lo que existe en este planeta y así elevamos su frecuencia.

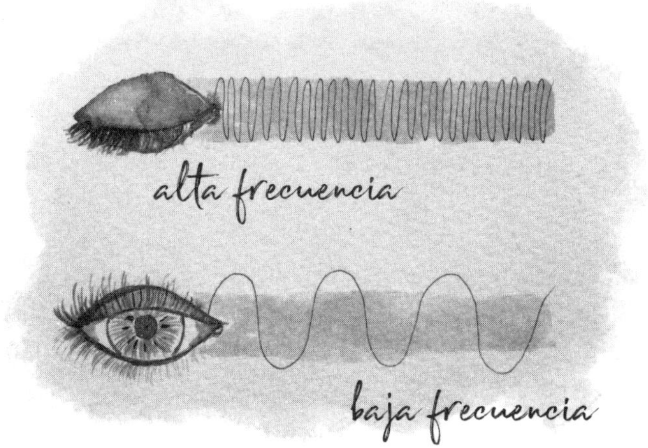

Para comprenderlo mejor, veamos cómo en la segunda dimensión sólo hay atrás, adelante y a los costados. No existe ni arriba, ni abajo; no hay relieves ni alturas. En la tercera es donde aparecen el arriba y el abajo. Y aquí es cuando podemos comprender la imposibilidad de expresar con palabras la cuarta dimensión. Pues imagina intentar explicarle a un ser de la segunda dimensión, utilizando sus palabras y su realidad, lo que es el arriba o el abajo. Hasta experimentarlo no podría comprenderlo. De todas maneras haré una breve descripción en palabras acerca de las dimensiones que nos competen en estos tiempos de cambios, para que cada uno comience a sentir y a recordar sobre qué trata esta nueva pero vieja historia.

Fuente
Espíritu
Alma
Dimensiones

Tercera dimensión

Éste es el nivel de conciencia de la dualidad. El miedo o el amor, lo blanco o lo negro, lo femenino o lo masculino, la conexión o la desconexión.

Aquí el tiempo y el espacio son como los conocemos hoy en día.

Es la dimensión en donde la energía se densifica por completo trazando los límites de la realidad. Todo funciona a través de la materia atómica: la alimentación, la fecundación y hasta la comunicación.

Cuarta dimensión

Aquí en la Tierra sólo es un estado de transición entre la tercera y la quinta dimensión. Como una especie de amalgama entre ambas. En esta dimensión comenzamos a experimentar el amor incondicional (ése que poco a poco muchos vamos viviendo) y a comprender que la dualidad tiene un tercer aspecto: el equilibrio. Despertamos capacidades que estaban dormidas, como la telepatía, la intuición, el fluir confiando, vivir en sincronía, conocer y comprender y sentir otras realidades; escuchar nuestro sentir y canalizar, e infinitas facultades más.

Además, el tiempo comienza a ser subjetivo, es decir que, al vibrar en esta frecuencia, comenzamos a vivir en el eterno presente. Viajamos al pasado con nuestra mente sólo para revisar, analizar y aprender; y al futuro sólo para proyectar. Empezamos a reconocer la unidad en todo. Poco a poco nos volvemos selectivos sobre lo que permitimos entrar en nuestra vida, pues somos conscientes de que todo lo que entra en nosotros se convertirá en nosotros.

Quinta dimensión

Es nuestra próxima conciencia como especie humana y planeta. En ella se vibra en amor incondicional eterno, todos somos plenamente conscientes de que, por más que estemos en cuerpos separados, somos uno al mismo tiempo y que la acción del otro modifica la de uno por completo.

Aquí ya no existe el miedo (pues ya se transmutó íntegramente en amor en la cuarta dimensión) y ya no existen las jerarquías, ni en los grupos, ni en los sistemas. Tampoco en las familias, pues todos aceptan la igualdad más allá de los roles. Aquí el tiempo y el espacio son subjetivos, ya que se pueden modificar según la conciencia. En esta dimensión, pues, la materia ya no es como la conocemos hoy en día.

LA TRINIDAD

El universo es trino, de ahí que muchas religiones sostengan que Dios es una trinidad que existe de manera simultánea y que no es otra cosa que los tres aspectos del Universo a través de los cuales la totalidad se manifiesta. No existe uno sin el otro.

Podemos decir que todo lo que existe es luz, sonido y forma. Y de la misma manera podemos decir que el Universo es amor, sabiduría y voluntad. El catolicismo considera que Dios es padre, hijo y espíritu santo; y el hinduismo habla de Brahma, Visnú y Shiva. Si entramos en la materia, encontraremos la trinidad de neutrón, protón y electrón. Y podemos ver también otra trinidad del Universo en el polo negativo, el neutro y el positivo.

Cuando se habla de dualidad, en realidad podemos ver que tenemos dos polos opuestos y un tercero que es el perfecto equilibrio entre ambos. El famoso principio del yin y el yang nos habla también de trinidad: el blanco, el negro y el equilibrio. El blanco que nace del negro, el negro que nace del blanco y el perfecto equilibrio entre estas dos energías que se abrazan. Pongamos otro ejemplo: vibrar en energía femenina, en energía masculina o en el equilibrio perfecto de estas dos energías.

Ésta es la primera geometría del Universo: la trinidad, el tres. Y, si la desglosamos, nos vamos a encontrar con la ley del siete. Lo veremos si analizamos la trinidad luz-sonido-forma y nos metemos dentro de cada aspecto. Observamos entonces que la luz está formada por los siete colores del arco iris. Al analizar el sonido vemos que toda tonalidad está formada por siete notas. La escala mayor de Do, por ejemplo, está formada por: Do, Re, Mi, Fa, Sol, La y Si (como ampliaré en el capítulo del sonido, estas siete notas se dan por ley divina de sus armónicos). También podemos observar que nuestros centros energéticos, llamados chakras, son siete y que cada uno de ellos tiene una geometría específica, es decir una forma.

Así pues, vemos que el Universo tiene tres aspectos y cada uno contiene siete aspectos más. Asimismo, y como vimos en el primer capítulo, el Universo es un fractal, su parte más pequeña contiene la misma información que el todo. Entonces podemos decir que, si el Universo-Dios es trino, el alma también lo es, por ser creada a su imagen y semejanza. De este modo, si nos centramos en la trinidad luz-sonido-forma en el alma, vamos a encontrar que toda alma tiene un campo áurico (luz), una frecuencia vibratoria (sonido) y una geometría (forma). Es más, si analizamos cada chakra, vamos a ver que cada uno tiene un color (luz), una vibración (sonido) y una geometría/solido platónico (forma).

**La sabiduría es como la luz, un rayo que
se direcciona y apunta específicamente.
El amor es como el sonido, una onda
que se expande en formas iguales hacia
todos lados y no puede discriminar.
La voluntad es como la forma, necesaria
para llegar a experimentar el amor
y la sabiduría, la luz y el sonido.**

FAMILIAS ÁLMICAS
Y ALMAS AFINES

Todas las almas forman parte de grupos a los que podemos llamar familias álmicas. Éstos están compuestos por almas que han decidido acompañarse en el proceso de evolución y en el caminar por el Universo. Encarnación tras encarnación, vida tras vida, se vuelven a cruzar en diferentes papeles, como otros personajes.

Por ejemplo: al encarnarse, una alma toma el personaje de hijo de una alma afín. En la siguiente encarnación puede actuar como hermano del alma que antes fue su padre y que mucho antes pudo haber sido su pareja, su amigo o su primo. Las relaciones más fuertes durante las encarnaciones siempre son con almas afines. La fortaleza de estos lazos trasciende la materia y la encarnación actual.

Lo que buscamos con estos cambios de relaciones y personajes es seguir conociéndonos para crecer y colaborar directamente en los procesos de las almas más cercanas. Aunque parezca difícil de comprender, todos somos parte de la familia álmica. Alguien que nace, por ejemplo, en una familia conflictiva, lo hace porque necesita vivir esa experiencia para trascenderla y crecer. Las almas entre las que decide encarnarse se enfrentan a procesos de evolución similares y vibran en frecuencias cercanas, para así darse las mejores experiencias y desarrollar todos los potenciales elegidos antes de nacer.

> *Recuerdo que antes de nacer elegí almas afines según la encarnación que quería desarrollar. Elegí a mis padres, a mis hermanos y a mis primos. Incluso a los amigos con los que fui creciendo. Recuerdo que, como iba a nacer con una energía muy sutil, necesitaba unos padres muy amorosos que me brindasen mucho cariño y calor, y que fueran bien terrenales para poder anclarme y funcionar en esta sociedad. También necesitaba que me dieran absoluta libertad para decidir qué estudiar y a qué dedicarme en esta vida. Como iba a nacer con una personalidad introspectiva, necesitaba tener un guía aquí en la Tierra, alguien que me mostrase desde pequeño por dónde andar, que me enseñase las cosas hermosas de la vida... y así fue como elegí nacer como hermano menor de una alma muy vieja en la Tierra, que se las sabe todas de cómo funcionan las cosas acá. De hecho fue quien me mostró la música y la escritura. Y me enseñó a creer en ellas.*

Cuento parte de mi historia para invitarte a conectar con la tuya y así comprendas que cada integrante de tu vida actual es mucho más que un simple personaje. Los animales que nos acompañan también son parte de nuestra familia álmica, y lo mismo sucede con las plantas.

> *Una vez puse a germinar una semilla de lapacho amarillo en una maceta y nació. Poco a poco, comenzó a crecer el árbol y con él aprendí sobre la paciencia y principalmente sobre el dar sin esperar nada a cambio. Un día, después de regarlo, me senté a su lado y lo contemplé: entonces comprendí que teníamos una historia mucho más extensa que la de esta vida y que simplemente nos estábamos reencontrando.*

Por otro lado, también hay almas afines que, en vez de encarnarse, deciden acompañarnos como guías desde nuestro campo energético durante el tiempo que estemos en la Tierra. Todos tenemos almas afines guiándonos. Al tener una vibración parecida a la nuestra y no estar involucradas emocionalmente en los problemas cotidianos, son grandes consejeras para orientarnos en nuestro camino. Y es que una familia álmica está compuesta por un gran número de almas y, de hecho, en cada familia hay almas en distintos niveles de conciencia. Nuestros guías, pues, también pertenecen a nuestra familia álmica. El guía que nos acompaña conoce nuestra historia de cerca, ya que viene trabajando con nosotros desde otras encarnaciones, y si no lo hizo con nosotros, sí lo hizo con una alma afín. En el capítulo de los guías espirituales y de la canalización ampliaremos esto para poder discernir entre la voz del Yo Medio-Superior y la de los guías-almas afines.

Con esto vemos que cada alma va evolucionando por sí sola, pero dentro de una estructura que colabora en el crecimiento conjunto, pues esta alma evoluciona dentro de una familia álmica, que a su vez lo hace como parte de una familia más grande (la de la Tierra), que también evoluciona dentro de la familia álmica de la Vía Láctea, y así hasta sistemas más grandes, siguiendo la estructura fractal del Universo, donde cada parte contiene la misma información que el todo y viceversa.

CHAKRAS

La palabra *chakra* proviene del sánscrito (lengua clásica de la India) y significa «círculo» o«disco». Hoy en día utilizamos este nombre, *chakra*, porque fue el que le asignó el hinduismo, una de las primeras culturas que comprendieron nuestra naturaleza espiritual y de la que provienen muchos de los conceptos que utilizamos para hablar de energía en la Tierra. Sin embargo, más allá de la palabra que utilicemos para los siete chakras, lo importante es comprender su esencia.

Los chakras son el cuerpo del alma (sus centros energéticos) y contienen toda la información sobre su evolución. Éstos son los mismos desde el momento en que comenzamos a encarnarnos, y sólo evolucionan a medida que el alma crece en experiencias. Por eso nuestras encarnaciones no son independientes la una de la otra, sino que están unidas como si cada encarnación fuera el eslabón de una misma cadena.

En la tercera dimensión, todas nuestras funciones como humanos derivan de estos siete chakras, que son los que estamos aprendiendo a equilibrar aquí y ahora. De hecho, es imposible describirlos en su totalidad con palabras o dibujos, porque no se encuentran en nuestra realidad y sólo podemos conocerlos si elevamos nuestra vibración y así entramos en su naturaleza. En este plano tan sólo podemos mostrar la sombra de lo que verdaderamente son. Para conocerlos en profundidad, cada uno deberá sentir su interior y redescubrirlos.

Aun así, intentaré explicarlos con palabras: los chakras son vórtices que giran en ambas direcciones. Cada uno es, literalmente, un toroide; una fuente ilimitada de energía que, según por donde se mire, gira para un lado o para el otro. Cada uno tiene una frecuencia de vibración determinada y, por lo tanto, la luz, el sonido y la geometría difieren de uno a otro. Cada chakra emana energías únicas para que el alma realice sus distintas funciones, ya que sus cualidades están organizadas en cada uno de estos centros energéticos.

energía toroidal

La forma de nuestro cuerpo físico es una derivación de nuestro cuerpo álmico, pues está determinada por la vibración de cada uno de estos centros energéticos. Nuestros órganos, brazos, piernas, ojos y hasta nuestra boca son una consecuencia de nuestros chakras.

De hecho, toda enfermedad física se produce por una disfunción en un determinado chakra. Cuando una emoción se estanca, desequilibra el chakra que le corresponde y, al cabo de un tiempo, si ese mal funcionamiento no se sana, terminará materializándose en el cuerpo físico, a través de una enfermedad en un órgano que corresponda a ese chakra. Si ello ocurre y nuestro cuerpo muere a causa de esa disfunción, estaremos prorrogando el trabajo emocional para la próxima vida, ya que la disfunción se da en el chakra (el cuerpo que murió simplemente la refleja). Entonces, en la próxima encarnación, el cuerpo volverá a enfermar para mostrarle a este nuevo personaje que el alma tiene la oportunidad de sanar y que el presente es el momento indicado.

Los chakras no tienen ni espacio ni tiempo, por lo que tampoco tienen tamaño. Y no están atados a nuestras leyes dimensionales, por lo que están en todos lados y en ninguno al mismo tiempo. De todos modos, cada uno está directamente relacionado con una glándula en nuestro cuerpo físico. De ahí que, para conectarnos con cada uno de ellos, podamos situarnos en un determinado lugar de nuestro cuerpo físico. No es que el chakra se encuentre ahí dentro, sino que en ese determinado punto físico nos va a resultar más fácil conectarnos con su energía.

Los chakras son como nuestro Sistema Solar. Tenemos en el centro de los siete al Plexo, que es nuestro sol, y desde allí orbitan los otros seis. Son una Ley Universal, cada alma y ser vivo los tiene. El Sistema Solar tiene sus chakras, que son los planetas. La Tierra tiene los suyos, que son sus siete continentes.

A los siete chakras principales que debemos sanar y comprender, no sólo en su potencial sino también en su funcionamiento, yo los denomino Raíz, Sacro, Plexo, Cardíaco, Laríngeo, Tercer ojo y Coronilla (aunque pueden encontrarse con otras denominaciones). Hay que tener en cuenta que, si bien cada centro energético es individual, éstos no son independientes. Los chakras son nuestra columna vertebral, unen la energía del Cielo con la de la Tierra y, si tan sólo uno se desequilibra o se bloquea, la energía Universal no podrá fluir a través del resto y, por consiguiente, no podrá entrar con fluidez en nuestro planeta.

Chakra Raíz

Es el primer chakra, el pilar de nuestro funcionamiento en la Tierra.

Podemos conectar con su energía en la base de nuestra columna vertebral. Su luz es de color rojo, su vibración en sonido es la nota Do y nos brinda la función de estar enraizados en el planeta. Sin él no podríamos estar conectados a sus ciclos biológicos.

Su principal función y propósito es la supervivencia. Estar enraizados para cubrir nuestras necesidades básicas como animales. Procurar el alimento, no pasar frío o calor extremo y tener un lugar para habitar. Antiguamente eso suponía conseguir la comida y el abrigo cazando o plantando. En nuestra sociedad, la supervivencia está ligada a tener el dinero necesario para poder conseguir todas estas cosas.

Las piernas son una extensión de este chakra, son nuestras raíces.

Cuando este chakra está equilibrado es porque la persona consigue su supervivencia de manera natural, ya sea ganando su dinero en un trabajo que le da placer o porque cultiva sus alimentos con mucho disfrute. Cuando está equilibrado, la persona puede moverse por este plano socioeconómico sin dificultades y, cuando necesita una herramienta para su camino, la consigue sin molestar a nadie.

Lo que desequilibra a este chakra es, principalmente, la emoción del miedo ligada a la falta de comida, abrigo y hogar, que, hoy en día, podríamos resumir en miedo a la falta de dinero. Cuando esto sucede, la persona no logra desarrollarse en este plano; no encuentra ni una actividad placentera, ni un trabajo que disfrute y le brinde sus necesidades. Entonces, la falta de dinero trae sufrimiento. Una persona así está desenraizada.

Chakra Sacro

Aquí se encuentran nuestras aguas, nuestra creatividad, la sexualidad y el placer.

Podemos conectar con su energía entre los genitales y el ombligo. Su luz es de color oro rubí o naranja, su vibración en sonido es la nota Re y es el origen de la sexualidad y de la capacidad de crear.

Cuando este chakra está equilibrado, la persona tiene los riñones funcionando a la perfección, sin ingerir sustancias que los compliquen. Su sexualidad es muy placentera y, sobre todo, sana. Es una persona creativa que para cada problema tiene una solución y es muy probable que se exprese artísticamente.

Cuando está desequilibrado, la persona puede tener complicaciones en sus riñones. La principal emoción estancada que desequilibra a este chakra es la culpa. Por ejemplo, en una persona que siente la necesidad de practicar sexo y no lo hace por culpa o miedo, que se masturba compulsivamente o que lo practica con el único propósito de escaparse de una realidad que le duele. Como consecuencia prolongada de estas disfunciones, la persona puede experimentar enfermedades en sus órganos reproductores, infecciones urinarias, etc. También podría tener bloqueadas sus capacidades creativas.

Chakra Plexo

El Plexo es donde se encuentra nuestra personalidad y autoestima, nuestra voluntad y nuestro ego.

Podemos conectar con su energía en la boca del estómago, justo por encima del ombligo. Su luz es de color amarillo, su vibración en sonido es la nota Mi, y regula nuestro sistema digestivo y la glándula del páncreas.

La vergüenza y la autoestima, baja o alta, son algunas de las emociones estancadas que desequilibran este chakra. Cuando esto sucede, la persona puede experimentar inseguridad, falta de decisión, celos o imprudencia y le costará mucho establecer límites, decir que no. A nivel del organismo, los problemas pueden ser digestivos: en el estómago, hígado o intestinos.

Somos una sociedad con el Plexo desequilibrado, que busca su identidad externamente, ya sea en profesiones, bienes materiales o afectos.

Con este chakra en equilibrio, la personalidad se encuentra a disposición del corazón y del alma. La autoestima no está ni baja ni alta, y la persona está segura de sí misma, ya que no busca su identidad en cómo es percibida en sociedad.

Chakra Cardíaco

Es nuestra capacidad de amar. Comúnmente se habla de que aquí se encuentra el anhelo del alma, porque el alma sabe amar incondicionalmente. Es donde se encuentra nuestra capacidad de dar y de recibir (justamente por eso mismo tenemos dos manos, una con cada polo energético).

Podemos conectar con su energía en el centro del pecho. Su luz es de color verde, su vibración en sonido es la nota Fa, y regula al corazón, los pulmones y la glándula timo.

Cuando está equilibrado y expandido, la persona es cariñosa, compasiva, alegre, gozosa, simpática, sincera y confiada.

Cuando está desequilibrado, principalmente es por la emoción estancada del sufrimiento, por no poder soportar el dolor. La persona se vuelve desconfiada, triste, antipática, quejosa, etc., y suele entrar en estados depresivos.

Este chakra es la clave para evolucionar y crecer, porque es nuestra puerta hacia el amor verdadero, que todo lo puede. No hay nada que el amor no pueda comprender, no hay ninguna herida que el amor del Universo no sane.

Chakra Laríngeo

Éste es el chakra del sonido, nuestra capacidad de emitirlo y recibirlo, de confiar en la verdad del Universo y entregarnos al fluir. Aquí se encuentra la capacidad de expresión.

Podemos conectar con su energía en nuestra garganta. Su luz es de color turquesa azulado, su vibración en sonido es la nota Sol y de él se desprenden la glándula tiroides, la lengua, las cuerdas vocales y la boca.

Cuando está equilibrado, la persona está tranquila, confía en el cauce de su vida, es sincera consigo misma y dice y hace lo que siente.

Este chakra se desequilibra por la falta de sinceridad, por las mentiras y por ocultar sentimientos. También por miedo a decir lo que uno siente, por hablar de más o de menos. Las malas palabras también generan baja vibración en este chakra. Cuando esto sucede, pueden desarrollarse enfermedades físicas como cáncer de garganta o lengua, laringitis, anginas, caries, nódulos en las cuerdas vocales, etc.

Chakra del Tercer ojo

Este chakra es la capacidad de ver más allá de lo que se ve a simple vista. La intuición es una de sus cualidades. Es el centro energético de la sabiduría. La clarividencia, clariaudiencia o mediumnidad, como suelen llamarse, son cualidades de este chakra.

Podemos conectar con su energía en el centro de nuestra frente, justo encima y entre nuestros ojos. Su luz es de color índigo, un violeta azulado, su vibración en sonido es la nota La. Regula los ojos, los oídos y la glándula pituitaria.

Cuando está equilibrado, uno nunca está perdido porque siempre intuye. Tiene la capacidad de ver y sentir las emociones en los demás. Es inteligente y sabe tomar la decisión justa porque lo caracteriza el discernimiento. En equilibrio también puede suceder que la persona vea en otras dimensiones, o que oiga a seres de otros niveles de conciencia. Como explicaré en el capítulo sobre la mediumnidad, si este chakra se encuentra en perfecto funcionamiento pero los demás están en desequilibrio, no es conveniente tener abiertos estos canales, por lo que el alma suele recortar su funcionamiento.

Cuando no está equilibrado, la persona suele estar perdida, sin saber hacia dónde ir. Es incapaz de discernir y vive presa de la gran ilusión de la vida creyéndose todo lo que la publicidad y el sistema social actual promueven. Se trata de una persona fácil de engañar.

Chakra Coronilla

Aquí se encuentra toda nuestra capacidad para conectar con la divinidad del Universo, con la plenitud absoluta. Es el chakra que vibra más alto. Con él activo podemos viajar más allá del tiempo y del espacio y salir del cuerpo voluntariamente. Podemos conectar con su energía desde la zona superior de nuestra cabeza. Su luz es infinita, es la suma de todos los colores de la luz. Un violeta que tiende al blanco.

La glándula que se desprende de este chakra es la pineal y al activarse segrega una hormona que genera estados de comprensión absolutos. En la historia se solía representar a los santos y a los ángeles con aros dorados encima de su cabeza para mostrar que este chakra les funcionaba en perfecto equilibrio y con todo su potencial.

La mayoría de las personas viven la vida sin tener este chakra equilibrado y activo, pues cuando lo está se descubre la verdadera unidad de todo lo que hay. Se comprende que todos somos uno, que no existe división entre los seres, pues somos parte de un mismo cuerpo que es Dios-Universo.

Cuando una persona desarrolla mucho este chakra sin equilibrar los demás, puede suceder que desentone mucho con la sociedad actual. Le costará mucho reconocer el tiempo y el espacio que nos rige. Le costará reconocer que, por más que somos todos uno, aquí estamos separados, por lo que le será muy difícil tener límites.

Para finalizar este capítulo, quiero remarcar que los chakras son interdependientes, constituyen una unidad. Por ejemplo: si una persona tiene desarrollado el chakra Laríngeo pero tiene desequilibrado el Cardíaco, se convertirá en un charlatán que no dice nada realmente importante o trascendente y, al cabo de un tiempo de continuar así, el Laríngeo terminará desequilibrándose también; si una persona tiene muy desarrollado el Tercer ojo pero no tiene equilibrado el Cardíaco, comenzará a ver situaciones que lo asustarán y que no podrá comprender por falta de compasión.

EL AURA Y
LOS CUERPOS SUTILES

Cada alma encarnada en la Tierra tiene siete cuerpos que contienen la totalidad de su información energética: el físico, el etérico, el emocional, el mental, el astral, el patrón etéreo y el celestial. Dejando de lado el cuerpo físico, el resto son los llamados cuerpos sutiles, porque generalmente no se pueden percibir con los ojos. Cada cuerpo está directamente relacionado con uno de los chakras, es decir que cada cuerpo se desprende de uno de los siete y, por consiguiente, está relacionado con los órganos y sistemas que componen el cuerpo físico.

La mayoría de los humanos únicamente tiene conciencia de su cuerpo físico; sin embargo, a medida que una persona eleva su vibración, comienza a percibir los demás. Es decir, si uno está con la mente quieta, en paz interna y en armonía, está listo para comenzar a ver más allá.

El primer cuerpo que uno reconoce más allá del físico es el etérico. Éste se ve de color amarillo, dorado o incluso medio transparente alrededor del cuerpo físico, es un contorno del mismo. Muchas personas, cuando comienzan a elevar la vibración, ven este cuerpo y lo confunden con el aura, pero en realidad lo que se está viendo es el cuerpo etérico.

Las personas que suelen contemplar paisajes en silencio y en paz interior comienzan a descubrir que alrededor de los árboles hay una especie de contorno que se mueve con el mismo movimiento de las hojas y que parece que vibre. Ése es el cuerpo etérico del árbol. Lo mismo sucede con los animales, minerales y el resto del reino vegetal.

El aura, por su parte, es la suma de nuestros cuerpos. O sea, nuestro campo energético completo, que consta de colores que definen las cualidades y también los equilibrios y desequilibrios del alma. Los colores del aura son colores de luz, energéticos, muy parecidos a los del arco iris o como los que se pueden refractar con un prisma. Todos tenemos exactamente los mismos, y lo que varía de una alma a otra es la proporción en que se manifiestan. Esta variación se puede deber a nuestros diferente estados de ánimo y a los procesos emocionales que vayamos atravesando, pero también muestra los potenciales artísticos, el grado de sensibilidad y, de esta manera, una a una, todas las características del alma. Así pues, los colores varían en grado y proporción según las cualidades álmicas que se manifiestan.

Por ejemplo, cuando se empezó a hablar de «niños Índigo» fue porque descubrieron que, en distintos lugares del mundo, había nacido un gran porcentaje de niños que tenían capacidades poco comunes para esa época. Cuando analizaron sus campos áuricos encontraron que el color índigo era el que mayor proporción ocupaba en las auras, de ahí que recibieran ese nombre. Dos ejemplos análogos son los niños Arco Iris y los Cristal.

En cuanto al negro, no es un color en energía; por lo tanto, si aparece en un campo áurico, significa que hay ausencia de color, de luz (muy frecuente en personas con alguna adicción).

Por otro lado, aunque oigamos con cierta normalidad la expresión «ver el aura», hay que tener en cuenta que es necesario vibrar muy alto (estar en nuestro eje emocional y unificar el sentir, el hacer y el pensar) para que nuestros ojos físicos contemplen esas dimensiones en las que son visibles los cuerpos sutiles. Así que podríamos decir que es muy difícil ver el aura con ojos de tercera dimensión. Sin embargo, también es cierto que muchos de los niños que nacen en estos tiempos son almas muy sabias y de alta vibración, por lo que pueden ver algunos cuerpos sutiles e incluso el aura completa. En cuanto a los adultos que se vuelcan a una vida espiritual intensa y que trabajan en iluminar sus sombras, comienzan a ver el aura de manera progresiva: primero ven el cuerpo etérico; luego, con el Tercer ojo, descubren el cuerpo emocional; al día siguiente puede que no vean nada y, otro día, de pronto, en medio de la naturaleza, comienzan a vibrar en amor incondicional y se sorprenden viendo los colores del aura. Así suelen ser los procesos en tercera dimensión, progresivos.

Si queremos experimentarlo, recomiendo centrar la atención en evolucionar desde el corazón, intentando día a día resolver nuestras trabas emocionales y amar de manera incondicional; entonces sucederá, cuando menos lo esperemos, simplemente por inercia.

EL EGO

El ego es una función divina de nuestro sistema energético, una capacidad del chakra central, el Plexo solar. Claramente, al igual que todas las cualidades y herramientas de las que disponemos, puede vibrar alto o bajo, es decir que puede funcionar de manera conveniente o inconveniente. Así, el ego equilibrado sirve al alma; desequilibrado, cree ser el alma.

¿Te imaginas vivir sin personalidad? Un poco difícil, ¿no? El ego es nuestra personalidad. Si no la tuviésemos, no podríamos interactuar entre nosotros en este momento, no podríamos hablar como lo hacemos, ni tendríamos gestos que nos identificasen. Seríamos todos iguales en cuerpos distintos.

Desde hace miles de años, nuestra sociedad vibra desde el ego. Muchas personas han creído ser su personalidad, la han alimentado y se han aferrado a ella. Pero, en realidad, el bienestar se alcanza si el ego trabaja al servicio del alma para dejar que ésta se manifieste.

No somos la personalidad. Ésta es tan sólo una herramienta divina del alma para manifestarnos en este plano.

Cuando el ego vibra bajo, la persona está aparentemente desconectada de su alma, ve y siente a las demás personas como seres ajenos. Por esta razón, el ego se contrae y surgen disfunciones como el egoísmo, el egocentrismo, la ambición, el odio, la ira, la gula, la codicia, la envidia, etc. Éste es el aprendizaje que está experimentando nuestra sociedad.

Un ego descentrado, por ejemplo, suele rendirle culto al cuerpo de una manera poco sana para cumplir con el estándar social de belleza, ya sea a través de cirugías estéticas o de la práctica excesiva de deporte y de dietas enfermizas. Al estar vibrando bajo, el ego va a querer tomar el lugar del corazón y del alma, y se hará pasar por el verdadero ser. De más está decir que, cuando esto sucede, la vida de esa persona va a estar llena de frustración, dolor y tristeza, ya que el ego ocupa un lugar que no le corresponde.

Por lo contrario, cuando el ego comienza a vibrar alto, la persona empieza a comprender que todos somos una unidad. Entonces se expande, abraza otros egos y los comprende compasivamente. En esta vibración sabemos que, si le hacemos daño a alguien, también nos lo hacemos a nosotros mismos.

Una persona que comienza a investigarse interiormente empieza a comprenderse y, al mismo tiempo, comienza a poner el ego al servicio de su corazón y del alma, para que ésta se manifieste a través de él.

Está claro que el ego es un punto muy importante que trabajar en el despertar de la conciencia, ya que, cuando vibra bajo, ofrece mucha resistencia y no quiere ponerse a disposición del corazón. Por eso, cuando uno desea vivir en plenitud y comenzar un camino de evolución consciente, debe hacer grandes esfuerzos por identificar la voluntad del ego y la verdadera voluntad del alma. Muchas veces lo que el ego quiere para la vida de la persona está en directa oposición a lo que quiere el alma. Comenzar a escucharse en lo profundo, en el interior de cada uno, es la clave para entender el origen de nuestros pensamientos y discernir entre los deseos del ego y los del corazón.

Si seguimos la voluntad del corazón estamos destinados al éxito, a la plenitud y a vivir con felicidad.

El ego no sólo carga con las disfunciones que debemos trascender, sino también con el adiestramiento del sistema social al cual pertenecemos, y basta con abrir el corazón para darse cuenta de que este sistema es precario.

Podemos ver el caso de personas como Jesús o Buda, que, lejos de extinguir su ego, lo pusieron a disposición de su corazón y lo expandieron a toda la humanidad y a los seres que habitan en la Tierra. Y es que, cuando el ego funciona de manera equilibrada, no interfiere con el deseo del alma, que es amar incondicionalmente a todos los habitantes del planeta. De ahí que Jesús se sintiera uno con todos y percibiera el dolor de cualquier ser, porque su ego se había expandido y se había fundido con el todo.

Naturalmente, cuando ponemos el ego al servicio del corazón y lo expandimos, comenzamos a tener una personalidad amorosa, sensible, comprensiva y compasiva, que fluye sin apegos.

Cuando conocemos a una persona, lo primero con lo que interactuamos es con su personalidad y ella con la nuestra; interactuamos desde el ego. A medida que pasa el tiempo, la confianza crece y comenzamos a vincularnos desde otros centros energéticos. Sin embargo, una persona muy despierta, evolucionada y amorosa, abre el corazón al primer encuentro sin máscaras. No anda ni con vueltas, ni con inseguridades o miedos.

En este sentido, recuerdo una práctica muy bella en la que a un grupo de extraños se los invitaba a mirarse a los ojos fijamente para conectar desde el corazón, antes de hacerlo con la personalidad. Los resultados eran asombrosos; y es que, cuando una alma contempla a otra alma sin los prejuicios del ego, sólo brotan amor y verdad.

LOS GUÍAS ESPIRITUALES

Los guías espirituales son los seres que nos acompañan desde antes de nacer e incluso hasta después de que nos desencarnemos. Se los suele llamar así porque son quienes nos guían durante toda nuestra encarnación para que no perdamos el camino o nos ayudan a reencontrarlo si nos perdemos. Son ellos los que vienen susurrándonos en nuestro corazón desde siempre para que podamos tomar la decisión acorde al propósito de vida que elegimos, pero que olvidamos al nacer en desconexión. Ellos nos hablan directamente a través de nuestro pensamiento, pero la intensidad de los mensajes depende de nuestra vibración y de cuánta tranquilidad haya en nuestra mente. Las personas que se dedican al arte, por ejemplo, al concentrarse en el proceso creativo suelen comunicarse en forma directa con sus guías, ya sea de manera consciente o inconsciente. Ellos susurran una melodía, una idea, un paisaje para pintar, etcétera. Toda idea concebida en nuestra mente fue antes concebida en el Universo. Los guías, al igual que nuestro Yo Medio y el Superior, al estar conectados con La Fuente, nos recuerdan estas ideas, ya que el propósito de vida de la humanidad es bajar el Cielo a la Tierra a través de nuestras creaciones. ¿A quién no se le encendió alguna vez la bombilla con una idea brillante como surgida de la nada? Ciertamente, podemos conectar con nuestros guías y nuestro Yo Medio-Superior de manera consciente a través de la canalización energética, pero de esto hablaré más adelante.

Podemos tener distintos tipos de guías y también tener más de uno, incluso varios; ello dependerá del propósito de vida de cada alma (antes de nacer en la Tierra, el alma firma una especie de contrato con sus guías para que la acompañen, a veces durante varias encarnaciones). Ahora bien, es importante comprender que los guías no son seres superiores a nosotros, simplemente están en otro nivel de conciencia; y, al acompañarnos, también evolucionan en su proceso.

Para comunicarse con nosotros, los guías hacen un esfuerzo gigantesco, ya que tienen que bajar su vibración. Por eso, cuando logramos ser conscientes de su existencia, les facilitamos el trabajo. Entonces se forma un lazo muy fuerte que nos cambia la vida instantáneamente. Recuerda: cuando das un paso hacia Dios, él da dos hacia ti.

Como explicamos en el capítulo sobre la trinidad, el Universo es trino, por lo tanto, nosotros también tenemos tres grupos de maestros-guías y cada uno de ellos se especializa en guiarnos según la energía que representa. Aquí me referiré a ellos con los nombres de la trinidad, pero es importante aclarar, una vez más, que no debemos apegarnos a los nombres; para reconocerlos, es mejor conectar con la energía de cada uno de ellos a través del corazón.

El guía de la voluntad

Éste es el guía al que comúnmente conocemos como «ángel de la guarda»; nuestro guía más cercano. Por ser el guía más cercano a nosotros, es el más conocido. De hecho, casi todas las religiones, culturas y hasta los mitos hablan de él.

Este guía es el que se encarga de que no nos desencarnemos antes de tiempo. Así, cuando una persona muere, es porque su momento llegó; de lo contrario, él habría creado el milagro. ¿Quién no estuvo a punto de cruzar la calle cuando, de pronto, algo le frenó y, en ese mismo instante, pasó un auto a toda velocidad? Es muy común también oír o ver historias de accidentes automovilísticos en los que todo el vehículo quedó destruido excepto el lugar donde estaba la persona que salió ilesa. O también de esos incendios en los que mueren muchas personas pero otras, que estaban exactamente en el mismo lugar, se salvan inexplicablemente del fuego...

Ninguna alma se desencarna antes de tiempo.

El guía de la voluntad es el que nos acompaña al entrar en el cuerpo que crece dentro de nuestra madre y también es el que suele venir a buscar al alma cuando deja el cuerpo para acompañarla hacia la Luz. Asimismo, es el que cuida nuestro cuerpo mientras realizamos viajes astrales; es decir, cuando nuestra alma viaja por todo ese plano viviendo experiencias, él se ocupa de que ningún ser de baja vibración del plano astral entre en nuestro cuerpo.

Cuando necesitemos protección se la podemos pedir a este guía.

Los guías del amor

Estos guías pueden ser uno o más, según el propósito del alma, e incluso pueden variar según el proceso que esté realizando la persona en su vida; por eso también se los llama «guías de misión». En este grupo de guías, es muy común encontrarnos con almas afines, como, por ejemplo, un familiar cercano o un ancestro. Pues, ¿quién mejor que un abuelo, padre o hermano —que conoce nuestra historia de cerca, pero ya no está involucrado emocionalmente en ella porque ya no se encuentra en este plano— para guiarnos desde un estado de conciencia superior? ¿Quién mejor que una alma afín para darnos aliento y decirnos: «levántate, pon fuerza y sigue adelante»? Muchas personas tienen la experiencia de sentir que alguien les besa la frente o les acaricia la espalda e inmediatamente sienten o piensan en un familiar que murió y que, probablemente, se convirtió en su guía.

Éstos son los guías que nos aconsejan acerca de los procesos que vamos realizando día a día y es común que, si cambiamos de trabajo o de proyecto, se renueven.

Todas las personas, creyentes o no, tenemos dentro de nuestro campo energético uno o más guías que nos orientan y dan asistencia, sanación y contención. En Occidente es muy común la asistencia de Jesús, porque muchas almas están muy familiarizadas con su historia; pero también es común encontrar a Saint Germain, a san Francisco de Asís, a la virgen María, a María Magdalena, o cualquier alma que ya haya evolucionado por completo en este plano y haya ascendido (de hecho, a este tipo de guías se los llama «maestros ascendidos»).

Si necesitamos apoyo, cariño, contención y aliento para seguir caminando en nuestra vida, se los podemos pedir a los guías del amor.

El guía de la sabiduría y los registros akáshicos

Este guía es el custodio de los llamados registros akáshicos, una especie de fichero que contiene toda la historia e información del alma desde sus comienzos. Allí están todo nuestro registro estelar y cósmico, todas nuestras experiencias pasadas y futuras; es decir, todos nuestros aprendizajes. Es por esto que este guía los custodia, pues poseen información muy valiosa para nosotros.

Sin su cuidado, no sólo corremos el riesgo de que otros seres puedan utilizar nuestra información álmica, también puede ser que nuestro ego quiera averiguar cosas que todavía no le conviene recordar. Muchas veces, por ejemplo, queremos saber quiénes fuimos en otras vidas por el simple hecho de levantar nuestra autoestima; pero eso no es conveniente porque estaríamos cumpliendo con los caprichos del ego. Para sentirnos bien con nosotros mismos debemos trabajar aquí y ahora con las experiencias de esta encarnación. Sin embargo, si nos sentimos estancados y realmente no sabemos por qué, si tenemos una enfermedad y no comprendemos su origen o nos suceden experiencias kármicas fuertes que no comprendemos, entonces sí podemos pedirle a nuestro guía de la sabiduría que nos facilite la información que nos ayude a comprender.

Tengamos en cuenta que estamos en desconexión, sin recordar nuestras encarnaciones pasadas, porque es la ley que nos atraviesa en este momento. Es importante adaptarse a ella para poder realizar una reencarnación exitosa. Todo es perfecto siempre; si no recordamos, es por algo. En la India se dice que, si pudiésemos recordar todas nuestras vidas pasadas, no podríamos vivir por el miedo o la ansiedad que nos generarían las experiencias que nos van a venir en un futuro.

Siento la necesidad de dar mi opinión acerca de los registros akáshicos y las vidas pasadas. No soy partidario de que una persona externa entre en nuestros registros y los lea por nosotros, porque creo que la única manera de obtener sabiduría es la experiencia personal. Esta persona interpretará nuestra información a través de sus experiencias emocionales, que son distintas de las nuestras; por lo tanto, es probable que no nos pueda transmitir lo que fuimos a buscar. Por ejemplo, si esta persona obtiene, en nuestro registro, una emoción que todavía no experimentó, al transmitirnos la información es probable que poco tenga que ver con nuestra historia álmica, lo que puede marearnos. Por este motivo, creo que las regresiones sí son una terapia bonita. En estos casos, el terapeuta induce a la persona a que ella misma recuerde sus experiencias y emociones vividas. Aquí es el guía de la sabiduría el que proporciona y facilita la información.

Es importante comprender que todo nuestro karma se está manifestando aquí y ahora, que somos la suma de todas nuestras encarnaciones. Por lo tanto, no hace falta saber qué fuimos en otras vidas, sino saber qué emociones estancadas nos acompañan; porque, para sanar y despertar la conciencia, debemos trabajar en ellas. Y aquí las experiencias de otras vidas no son relevantes.

Entonces podemos comprender que una emoción que se pudo haber estancado hace cinco encarnaciones por haber muerto ahogado, por poner un ejemplo, hoy en día se va a estar manifestando a través de un mandato familiar o, tal vez, a través de una experiencia vivida de niño en el colegio. En esta encarnación tenemos todo lo que necesitamos para resolver nuestra historia y poder llegar a amar incondicionalmente.

Como ya señalamos, si uno nace en una familia conflictiva no es por casualidad o mala suerte, es un karma generado en otra vida; pero no hace falta sanar la encarnación anterior, es mucho más fácil y efectivo analizar la relación con la familia actual y abrirse camino sin rencor, ira u odio, comprendiendo que todo lo que nos sucede en nuestras vidas habla más de nosotros que de los demás.

LAS LEYES UNIVERSALES O ESPIRITUALES

Cuando hablamos de leyes universales, también llamadas leyes espirituales o divinas, estamos hablando del funcionamiento del Universo. Si nos detenemos a pensar, a sentir y a reflexionar, llegaremos a la conclusión de que el Universo tiene un orden que lo hace funcionar; un aparente caos, pero orden al fin y al cabo, que está dado por leyes que nos trascienden, pero de las cuales formamos parte.

Que la Tierra gire alrededor del Sol y éste, a su vez, orbite en la Vía Láctea es una ley universal. Que de una semilla nazca una planta que dará flor y que esta flor dé nuevas semillas que serán flores también es una ley universal. Que nuestras células se reproduzcan de la manera en que lo hacen también es una ley divina, como morir y nacer.

Todos los que vivimos en la Tierra conocemos la ley de la gravedad, por eso a nadie se le ocurre saltar desde un edificio, porque sabe que el cuerpo morirá cuando impacte contra el suelo. En fin, todo funciona siguiendo un determinado orden, un determinado ciclo.

Como vimos en los capítulos anteriores, existen distintas dimensiones en las cuales el alma experimenta y evoluciona. Hoy, nosotros elegimos nacer en un planeta que llamamos Tierra para experimentar la conciencia en tres dimensiones, por lo que, para poder expandirla, trascenderla y evolucionarla, es imprescindible ser conscientes de las leyes que rigen este plano.

Absolutamente todo lo que nos sucede en nuestra vida (experiencias, situaciones, relaciones, vínculos, etcétera) llega a nosotros para ayudarnos a evolucionar y así sanar emociones estancadas. Vienen a mostrarnos disfunciones internas y ayudarnos a comprenderlas. El fin de todo esto es aprender a vivir en amor verdadero en este plano.

No existe nada semejante a la casualidad en el Universo: todo es causalidad.

Al vivir en desconexión y vibrando desde el ego, generación tras generación, fuimos olvidando las leyes que rigen en este plano. Por eso, cuando las situaciones fuertes llegan a nosotros para mostrarnos algo, nos enfadamos, comenzamos a creer en la mala suerte y nos preguntamos: «¿Qué hice yo para merecer esto?». La respuesta es simple: todo.

La Tierra es una gran escuela. Si tomamos todas nuestras experiencias como aprendizajes, las analizamos, nos hacemos cargo de lo sucedido, lo comprendemos y lo incorporamos, no necesitaremos volver a vivir una y otra vez la misma situación, que en realidad es la misma emoción estancada, disfrazada de distintas experiencias y personajes.

Las leyes universales son casi infinitas, pero actúan en conjunto. Si nos alineamos con nuestro corazón reconociendo y comprendiendo las principales de ellas, siempre tendremos todo lo indispensable para evolucionar y, así, recobrar nuestro estado de paz interna.

No es necesario aprenderse los nombres que aquí, los humanos, les pusimos. Lo importante es comprender cómo funcionan y cómo es su energía; sólo así tendremos la oportunidad de crecer internamente. La capacidad que tenemos para crear nuestra realidad de manera consciente está directamente relacionada con la forma en que comprendemos e incorporamos estas leyes a nuestra vida. Aquí explicaré las fundamentales. Si comprendemos éstas, las comprendemos todas.

Ley del karma

Cuando creamos y lanzamos una energía que está por debajo de la frecuencia del amor, el Universo nos la devuelve para que la podamos transmutar en una frecuencia amorosa.

Cuando hablamos de karma, solemos decir que «una causa trae una consecuencia» o que «toda acción conlleva una reacción», de ahí surge la popular explicación de que si uno hace algo malo, algo malo va a venir a su vida; que si uno mata en otra vida, en ésta lo van a asesinar; que si robó en otra vida, en ésta le van a robar; que si fue un hombre rico de dinero, pero muy mezquino y avaro, en esta encarnación probablemente será un mendigo, para conocer lo que les negó a las demás personas en la encarnación anterior... De todo esto sale una apreciación y comprensión sobre el karma algo negativa y, sobre todo, superficial. La realidad es que el karma no es ni negativo ni positivo, es neutro. De hecho, es una ley divina que existe en este plano para que el alma evolucione, y es la que rige el sistema de reencarnaciones. Podríamos decir que es como los libros que el alma eligió conocer y, sobre todo, los que aún no leyó.

A veces oímos hablar de terapias que ayudan a «quemar» o «disolver» el karma, pero de nada sirve que una terapia, alguien o algo nos ayuden a quemarlo; porque sería como querer quemar los libros de los que tenemos que aprender, y los libros hay que leerlos y comprenderlos. La manera de aprender y comprender en este plano es a través de la experiencia. Yo veo el karma como algo hermoso, porque transitarlo nos trae sabiduría.

Cuando una alma comienza a experimentar en este plano (la tercera dimensión), la personalidad suele ser atolondrada, por lo que puede desarrollar mucha fragilidad en sus primeras encarnaciones. Seguramente tendrá un alto grado de inconsciencia y comenzará a sentir todo tipo de emociones densas (envidia, celos, ira, gula, vanidad, soberbia y egoísmo, entre muchas otras) que la llevarán a realizar actos violentos como mentir, robar, matar o violar, ya que su nivel de conciencia encarnado es básico. Cuando el alma deja la encarnación y la analiza, siente una frustración profunda por haber causado dolor a otra alma encarnada, por lo que, para su próxima encarnación, elige experimentar en carne propia el daño que causó y, así, aprender y comprender esas emociones que generó en el otro.

Cuando hay alguna emoción estancada en nuestro campo energético o, en otras palabras, si hay algo que nos traba y nos impide ser felices, el Universo, por pura ley de la atracción, trae esa situación hacia nosotros para que la enfrentemos y sanemos. Eso no quiere decir que nos traiga esa misma experiencia, sino más bien esa misma emoción estancada. Esto significa que, si nosotros le hicimos daño a alguien, no necesariamente vendrá ese alguien a hacernos el mismo daño, sino que cualquiera puede venir a generarnos la misma emoción densa a través de cualquier tipo de experiencia; lo que importa es experimentar esa emoción para sanarla y crecer.

Las experiencias que nos trae el karma para vivir pueden ser fuertes o no, según nuestro nivel de conciencia; más allá de esto, son realmente una oportunidad de crecimiento muy grande. Como se suele decir, una verdadera «oportuncrisis».

Estoy profundamente convencido de que evolucionar puede ser simple. Lo que debemos hacer a cada experiencia fuerte es preguntarnos por qué y para qué la atrajimos a nuestras vidas, qué es lo que tenemos que aprender para comprender y sanar. Nada es al azar en el Universo.

Mientras una persona está dormida (llamamos persona dormida a alguien que aún no descubrió su divinidad, que no conoce conscientemente las leyes del Universo y camina a la deriva por la vida, creyendo, tal vez, en la mala o buena suerte), puede sufrir el dolor de las experiencias del karma. Sin embargo, si está despierta (es decir, si está conectada y alineada conscientemente a su plan álmico), no necesita experimentarlo de manera violenta. Dicho de otro modo: el Universo nos manda una situación leve para aprender algo y, si no le damos oportunidad al aprendizaje, éste regresará un poco más fuerte. Si así tampoco nos detenemos a trabajar en ello, llegará más fuerte todavía y dolerá. Entonces, si vivimos sacando el jugo de cada experiencia que tenemos, el karma nunca será fuerte y sufrido. Tal vez duela, porque el dolor es inevitable, pero podremos evitar el sufrimiento, que no es otra cosa que tomar el dolor del pasado y traerlo continuamente al presente (como agarrar un cuchillo para clavarlo en la vieja herida una y otra vez).

Puede que no sepamos con exactitud las vueltas del karma, pero si nos entregamos a la evolución, al crecimiento y a vivir desde el amor, el karma deja de ser doloroso y se vuelve una continua y hermosa oportunidad.

Ley de la abundancia

El Universo es un constante fluir de abundancia. Nada le falta y nada le sobra. Si nosotros estamos alineados con nuestro camino álmico y nuestros propósitos en esta vida, estamos en nuestro eje; por lo tanto, nada nos falta. Tenemos absolutamente todo lo que necesitamos para recorrer nuestro camino. Si necesitamos una herramienta para concretar algo, aparece; si necesitamos otra, también llega a nuestra vida. Cuando vivimos en carencia es simplemente porque nos estamos recortando a través de nuestras creencias, ya sean religiosas, culturales o sociales.

El Universo fluye con su abundancia y nos atraviesa. Los que ponemos el palo en la rueda y trabamos ese fluir somos nosotros.

Es importante aclarar que a veces se interpreta esta ley desde el ego y se cree que el Universo nos puede proveer de todo lo que nosotros queramos. La realidad es que nos provee de lo que necesitamos para realizar nuestro plan de vida álmico. Si es una casa, una casa. Si es un auto, un auto. Abundancia no es obtener mayor cantidad de cosas, sino lo justo para la voluntad del alma. Si naturalmente viene mucho, pues por algo es, y el trabajo será averiguar para qué. Si estamos alejados de nuestro plan álmico, la abundancia no llegará fácilmente. Pues lo que a veces cree el ego que será mejor para nosotros simplemente no lo es.

La abundancia no es sólo recibir, también es dar.

La abundancia no es el dinero, pero el dinero sí es un aspecto de la abundancia. Vivir en abundancia es mucho más que disponer de dinero, es sentirse pleno y disponer de todos los recursos para poder moverse libremente en este plano según el propósito del alma. Pero, sobre todas las cosas, es sentirse completo individualmente.

Venimos de miles de años de vivir con la sensación de que siempre nos falta algo y durante los cuales hemos perseguido el dinero como fuente de felicidad y bienestar. Sin embargo, también nos hemos convencido de que no se puede tener riqueza y al mismo tiempo ser una gran persona, y de que la espiritualidad y el dinero no pueden convivir porque, según se nos ha dicho, una vida espiritual conlleva sacrificio... Esto último es justamente lo que nos lleva al fracaso, pues, en realidad, la espiritualidad significa trabajar en uno mismo con mucha voluntad, gozando con la creación, pero sin sacrificio alguno y, por consiguiente, sin sufrimiento.

Crecí viendo a las personas más hermosas y nobles sufrir por no tener dinero y, al mismo tiempo, sentirse culpables al recibirlo. Crecí oyendo decir que, si un mensajero de la espiritualidad tiene dinero, es un farsante. Por todo esto comencé a trabajar con la espiritualidad, pero sin cobrar por mi trabajo. A medida que los años pasaban, me encontraba cada vez con menos recursos para moverme en la Tierra y desarrollar mi propósito de vida. Daba clases, conciertos, terapias, charlas y talleres sin recibir casi nada material a cambio. Poco a poco mi trabajo aumentaba, pero mi relación con el dinero seguía igual de distante, pues lo seguía viendo sucio. Pasaban los meses y la calidad de mi trabajo bajaba, pues no podía comprar ni siquiera los instrumentos que necesitaba para hacer mi tarea. Fue entonces cuando, en un día de mucha introspección, comprendí que había elegido nacer en la Tierra, donde la energía del dinero es un medio importante para desarrollarse, y que no disponer de ella era anularme. No estaba siendo sincero con mi alma, pues ésta no tiene ningún problema con el dinero. El problema surgía de mi personalidad por lo que de niño había aprendido de la sociedad.

> *Un día, durante una gran revelación, mis guías me preguntaron: «¿Quieres vivir en un mundo sin dinero?». La respuesta claramente fue que sí, porque aún pensaba que el dinero le hacía mal a la Tierra y a la humanidad. Y me dijeron: «El dinero no es el culpable y éste desaparecerá cuando sea el momento adecuado; para ello, antes, tienen que hacerlo girar y fluir con amor, con respeto, sin codicia y sin vergüenzas. Ámenlo sin apegos». Ahí comprendí que el dinero es abundancia y que, si en mi propósito de vida está hacer y obtener algo para crecer un poco más y dar un salto cuántico, pero no dispongo de los recursos para hacerlo, estoy atrasando mi camino por falsas creencias. Comprendí también que me encantaría vivir en un mundo sin dinero, pero que hoy en día eso no es posible en esta sociedad. A partir de ese momento, comencé a asignarle un valor a todo lo que hacía, según los recursos que mi corazón siente que quiere disponer en esta*

vida. Comprendí que si soy puro y mis intenciones siempre son por el más alto bien del planeta y de todos los seres que habitamos en él, mis recursos siempre van a estar invertidos en formas positivas y constructivas que derivarán del amor...

Cuando alguien quiere asistir a un curso, taller, concierto o simplemente comprarme un disco y no le alcanza, lo primero que hago es decirle que la falta de dinero no es impedimento para asistir u obtener algo de lo que hago, pero que, a cambio, tiene que estar dispuesto a charlar sobre el dinero. Y entonces le pregunto: «¿Qué pasa que en tu camino está obtener esto y no podés comprarlo? ¿Estás peleado con el dinero?». Le cuento todo lo que acabo de explicar y lo invito a bucear en su interior para descubrir si no será él mismo el que se está privando de todas estas experiencias por la falsa creencia de que el dinero no es bueno.

Las religiones nos han enseñado que el dinero es algo sucio y que las personas decididas a crecer en lo espiritual deben despojarse de lo material, cuando lo que debemos hacer es trabajar en sentir y pensar con nuestro corazón para ser desapegados y comprender que es un recurso hermoso con el que podemos construir nuestros sueños y un planeta brillante.

Lo que hacemos con nuestro dinero habla directamente de a qué damos valor en nuestra vida.

Una hermosa manera de colaborar con el planeta es comenzar a invertir nuestro dinero en tiempo y conocimiento más que en objetos. Si invierto en cursos, música, clases, literatura, tiempo de trabajo, etc., estoy colaborando a la preservación del medio ambiente y ayudando a que no haya tanto residuo material.

Hay un montón de alternativas para dar y recibir energía material que incorporar en nuestra vida. El intercambio o truque es maravilloso, pero, si en mi camino está comprar un piano y yo soy productor de frutas, ¿podría pagar el piano con manzanas? Para esto hay que tener en cuenta el tiempo, creatividad, valor, recursos, insumos, etc., que lleva fabricar el piano y producir las manzanas. Así, probablemente tendría que intercambiar miles de manzanas por el piano. Y ahí me pregunto: ¿qué hará un artesano de pianos con cientos de kilos de fruta? Su propósito es hacer pianos, no tener una frutería. Entonces creo que caeremos nuevamente en que la mejor manera de intercambiar tiempo, conocimiento u objetos en la actualidad es con dinero.

El dinero no es el problema, pues es neutro, incluso hasta ilusorio. Nosotros, a través de nuestras carencias emocionales, lo hemos transformado en algo negativo. Muchas veces oigo hablar en contra del dinero y decir que no se necesita, que uno se puede ir a vivir a la naturaleza y recibir el alimento de la siembra y demás. Claro que uno puede hacer eso, siempre que sea por una decisión álmica y no por una carencia del ego, con lo que estaríamos reduciendo nuestros recursos y movimientos en este plano.

Para recibir abundancia hay que sentirse merecedor de ella en todo nuestro campo energético, con todas nuestras emociones conscientes e inconscientes. Querer que llegue a nuestra vida desde el consciente, creyendo desde el inconsciente que el dinero no es bueno, por ejemplo, genera una dualidad que frena su llegada. Es una puja entre una emoción que quiere que llegue y otra que no. Si en tu vida deseas la abundancia y ésta no llega, te invito a sumergirte en tu interior, analizar tu relación con el dinero y sobre todo tus creencias. De todos modos, no es conveniente pedirle dinero al Universo: mejor pedir los recursos que se necesitan para seguir avanzando en el camino de la vida. La clave está en permitir que la abundancia se manifieste en cualquiera de las formas disponibles para nosotros.

Ley del espejo o reflejo

Cuando nos molesta algo de alguien es porque nos está reflejando una disfunción interna. Es decir que, si nos molesta una actitud de una persona, es porque nosotros tenemos esa misma actitud dentro, esa misma emoción estancada. Atraemos a personas a nuestra vida que nos muestran una disfunción propia para que la veamos por fuera y, así, reconocerla por dentro y sanarla. Por el contrario, si llega alguien a nosotros con una disfunción muy marcada, como puede ser el enojo, pero ya sanamos esa emoción, lo que vamos a sentir cuando esa persona se enoja es una gran compasión por ella. Mientras nos molesten las actitudes o energías de otros, el Universo seguirá trayéndonos a estas personas para seguir invitándonos a trabajar en estas emociones estancadas.

Todas las emociones estancadas tienen doble polaridad, es decir, se sanan cuando se equilibran. Ningún extremo es conveniente. Podemos poner el ejemplo de una persona a quien le cuesta mucho aceptar regalos o pedir ayuda, a quien le cuesta mucho recibir de los demás. Entonces a su vida van a llegar personas con su misma disfunción, pero en cualquier polaridad. Es decir, que le puede llegar una persona a la que también le cueste mucho recibir, y así hacerle de espejo, o le puede llegar otra que sea todo lo contrario, que pida cosas todo el tiempo, que pida ayuda para todo y que, en vez de comprarse lo que necesite, lo pida prestado sin importarle si otros lo necesitan. Entonces, al que le cuesta recibir le va a molestar mucho la energía del que pide todo el tiempo.

Cuando sucede esto, lo conveniente para seguir creciendo es preguntarse por qué y para qué llegó esa persona con esa experiencia a nuestra vida y agradecer al Universo que nos mostrara nuestra disfunción, para ponernos a trabajar en ella y así sanarla y equilibrarla.

Ley del equilibrio y la polaridad

Como hemos visto, todo tiene dos polaridades. Lo masculino y lo femenino, lo positivo y lo negativo. Evolucionar es justamente equilibrar estos extremos.

Es como si estuviésemos en un columpio: en cuanto subimos vamos para adelante y para atrás, pasando siempre por el centro. Si dejamos de impulsarnos, el columpio comenzará a hacer recorridos más cortos, pasando cada vez más seguido por el centro, hasta que de pronto se aquieta y queda en equilibrio. Lo mismo sucede con nuestras emociones. Cuando experimentamos una emoción en un extremo, luego la experimentamos en el otro y así vamos moviendo este péndulo de energía hasta que la sanamos y logramos equilibrarla.

Ley de la atracción

Cada uno de nosotros es como un imán que atrae de manera constante vibraciones similares hacia uno mismo. Nuestras emociones atraen a otras ajenas que vibran en la misma frecuencia. Si uno vibra en amor, atrae amor; si uno vibra en miedo, atrae miedo.

Esta atracción llega en parte desde nuestro consciente y en parte desde nuestro inconsciente. Podemos llegar a controlar nuestro consciente, pero en la mayoría de las personas el inconsciente es más fuerte y, hasta no descubrirlo y sanarlo, es indomable. De algún modo, somos como un imán con forma de iceberg que atrae personas, experiencias, situaciones, etcétera.

Si algo llega a tu vida y no sabes por qué fue atraído desde tu inconsciente, es hora de sumergirte en él para sanar.

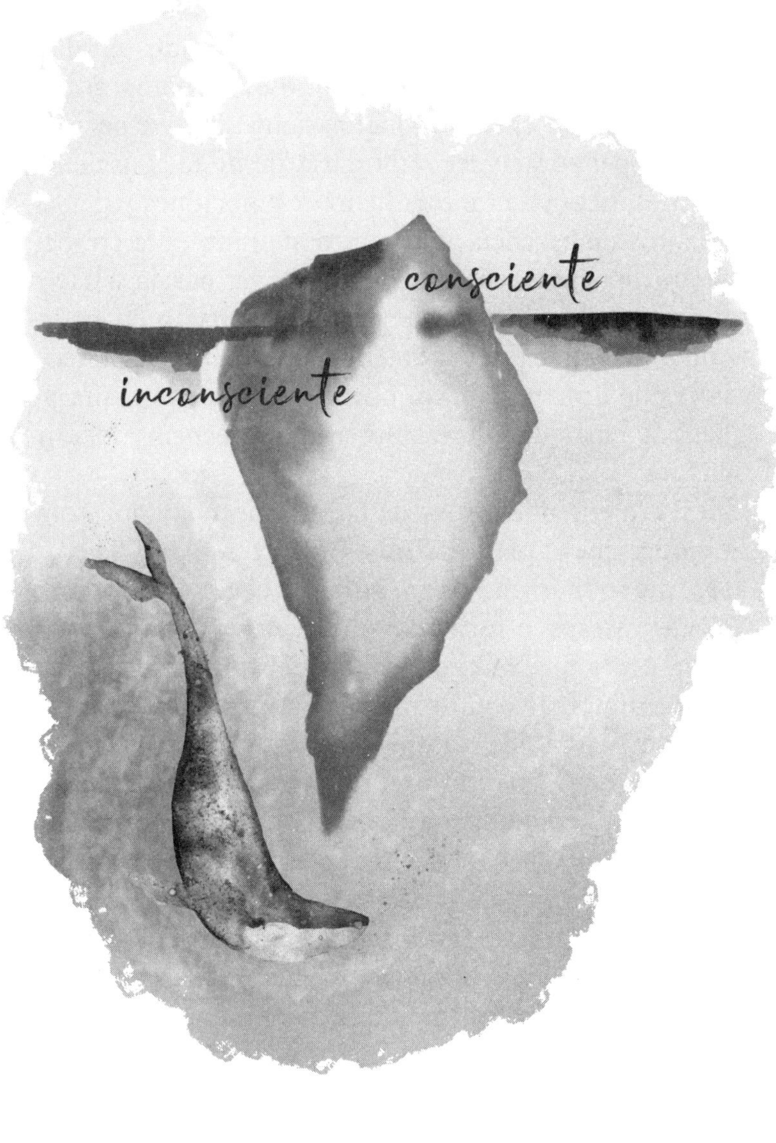
consciente
inconsciente

Esta ley se ha hecho muy conocida porque se ha interpretado desde el ego. Muchos han creído que, si uno piensa durante un tiempo prolongado en algo, ese algo terminará materializándose; sin embargo, no han tenido en cuenta el inconsciente. Si una persona está empeñada en ser millonaria desde el consciente, pero su inconsciente está lleno de emociones y pensamientos de carencia, eso nunca sucederá. He conocido muchas personas que quieren tener pareja y hacen lo imposible por tenerla, pero no trabajan en su inconsciente, que tiene la creencia de que no son merecedores de un compañero; por lo que esa compañía no llegará hasta que transmuten sus creencias inconscientes.

Para entender la ley de la atracción hay que comprender que el plano astral da forma al plano físico, o sea que toda forma física, antes de llegar al plano material, ya estuvo formada en el Universo (de ahí que haya gente que ve experiencias del futuro en los sueños). Para crear una forma en el plano astral no basta con pensar en ella, también hay que adjudicarle una emoción. Así, cuando juntamos estos dos elementos, se crea inmediatamente la forma en el plano astral e inevitablemente, si la seguimos alimentando con más pensamiento y más emoción, al cabo de un tiempo terminará materializándose en nuestras vidas.

Como ya comentamos, muchas veces estamos desorientados en nuestras vidas, fuera de nuestro plan álmico, y lo que creemos mejor para nosotros puede no serlo. Entonces, si creamos una forma en el plano astral desde el ego y la alimentamos para que se concrete, estaremos agregando piedras a nuestro camino en la vida. Si el alma no quiere vivir esas experiencias que estamos trayendo, intentará retrasarlas; pero si la personalidad continúa haciendo fuerza para que se concreten, al cabo de un tiempo, así será, y esa materialización traerá inconvenientes, pues no era lo que esa alma había venido a experimentar en este plano. Veámoslo con un ejemplo: una persona está obstinada en tener una casa gigante, una mansión. Entonces comienza a aplicar esta ley. Se pone a pensar en esa casa todos los días, en la piscina que tendrá, en cómo serán los cuartos, la cocina y los baños, pero nada va a ocurrir. Ahora, si a ese pensamiento le agrega una emoción, como pensar en la piscina imaginando a sus niños mientras juegan en ella y al mismo tiempo siente alegría por ello, inmediatamente se crea una forma en el astral. Si todos los días recuerda estos pensamientos y siente esa emoción de alegría y serenidad, esa casa terminará llegando a su vida. Si era parte de su plan álmico, todo marchará genial. De lo contrario, si la forma de esa casa la creó solamente el impulso del ego, le traerá problemas (le entrarán a robar, habrá errores de construcción, se romperán los muebles o los electrodomésticos, etc.).

Hay que comprender que la voluntad del alma está siempre pujando para que todo lo que tiene que llegar a nuestra vida llegue. Nosotros simplemente debemos hacer y dejar que las cosas sucedan. Claro que siempre es bueno proyectar, pero desde el desapego, pidiendo al Universo que sólo se manifieste lo que sea mejor para nosotros, y eso, justamente, lo sabe el alma.

Cuando quiero algo lo pido al Universo, pero luego añado: «Que llegue si está en mi camino; si no, que ni se asome. Gracias».

Comprender que todo lo que llega a nuestra vida es porque, desde algún lugar de nosotros, lo hemos atraído es una gran sabiduría y, sobre todo, un pasaje hacia el crecimiento y, por consiguiente, a la felicidad.

Ley Como es dentro es fuera

El mundo externo es un reflejo perfecto del mundo interno. Todo lo que nos sucede por fuera es una prolongación de lo que nos sucede por dentro. Si en el fondo de mi campo energético hay ira, por más que yo ni siquiera sea consciente de eso, a mi vida llegarán personas con ira por pura ley de la atracción, ya que, como hemos visto, las experiencias y las personas que llegan a nuestra vida son un fiel reflejo de nuestro sistema energético. Del mismo modo, tal como somos interiormente es como vemos el mundo externo. Si a mi vida llega pobreza, es porque hay pobreza por dentro; si a mi vida llega odio, es porque hay odio por dentro; si a mi vida llega enojo, es porque hay enojo por dentro. Todo ello a la espera de ser transmutado.

Por otro lado, donde unos ven tristeza, otros ven amor. Donde unos ven carencia, otros ven abundancia. Siempre depende del ojo del que mira.

Creer es crear. Aquello en lo que uno cree interiormente se crea exteriormente. Creo en algo y al mismo tiempo lo creo en mi vida.

Ley de la resistencia

Por pura ley de la atracción, cuando nos resistimos ante algo, más fuerza le damos y, por lo tanto, lo estaremos atrayendo a nuestra vida. Cuanta más resistencia, más materialización. Cuando hablamos de la lucha contra algo, le estamos dando más fuerza a eso contra lo que luchamos. Tenemos miles de ejemplos al respecto: uno sería la lucha contra una enfermedad, que lo único que genera es darle más forma y vida, cuando deberíamos hacer algo a favor de la vida.

Así pues, cuando uno tiene miedo de que algo suceda en su vida, inevitablemente lo está atrayendo.

Ley del fluir

Como comentamos, el Universo es un constante fluir, todo está siempre en movimiento. Para poder vivir en armonía y en paz, es importante adaptarnos a esta ley del movimiento y nunca quedarnos estáticos.

Muchas veces no fluimos con los cambios que vienen a nuestras vidas por estar apegados a situaciones, ideales e incluso a relaciones. Cuando nos apegamos a algo o alguien, inmediatamente comenzamos a estancar energía. Cuando finalmente se estanca en nuestro campo energético, nos enfermamos y, sobre todo, no avanzamos.

Resulta conveniente estar lo suficientemente livianos para movernos por la vida según el corazón nos indique, sin apegos y confiando en que lo que viene siempre es lo mejor para nosotros.

No hay que confundir la quietud de un proceso introspectivo con el no fluir. Muchas veces en la vida vamos a necesitar un freno para bucear en lo profundo de nuestro interior y encontrar respuestas trascendentes. Cuando trabajamos en nuestro interior, por más que por fuera demostremos quietud, por dentro hay una revolución, la madre de todos los cambios.

Nada es para siempre. Lo único que es eterno es el cambio.

Ley del dar y recibir

El dar y recibir es una ecuación perfecta y equilibrada. Nuestro estado natural es dar en la misma proporción en que recibimos y recibir en la misma proporción en la que damos. Si nosotros damos más de lo que aceptamos recibir, estamos descompensando la balanza. Y si, por el contrario, siempre pedimos y a la hora de dar somos tacaños, también frustramos el equilibrio natural. Si esto sucede, llegarán a nuestras vidas montones de situaciones, experiencias y personas que nos intentarán enseñar el equilibrio. Al principio serán experiencias suaves y amables. De no ceder al cambio, comenzarán a ser cada vez más fuertes e incómodas.

Cuando a una persona le cuesta recibir, impide que otro dé. Por lo tanto, está desequilibrando la energía. Es tan importante aprender a dar como a recibir.

Ley del decreto y la afirmación

Cuando decretamos algo desde lo más profundo del corazón, consciente o inconscientemente, le estamos dando una verdadera creación y el Universo trabajará para que eso sea así. Podemos poner el ejemplo de bendecir el alimento: cuando afirmamos que lo que vamos a comer se purifica y eleva su vibración para nutrirnos con amor, inmediatamente cambia su vibración. Por otro lado, cuando uno afirma que no está preparado para realizar algo, por miedo o inseguridad, será ésta la energía que atraiga a su vida.

Hay una gran frase del cantautor argentino Facundo Cabral que dice: «No digas "no puedo"ni en broma. Porque tu inconsciente no tiene sentido del humor, lo tomará en serio y te lo recordará cada vez que lo intentes».

LA MUERTE QUE ES SIEMPRE VIDA

Nada muere en el Universo, todo se transmuta y se recicla. Al desencarnarnos, quedamos vibrando en el mismo estado de conciencia que teníamos minutos antes de que nuestro cuerpo muriera; por eso, si vivimos buscando comprender nuestro propósito y elegimos evolucionar, seguramente nuestra vibración habrá sido cada día más elevada y, al morir, nos va a venir a buscar alguno de nuestros guías para conducirnos hacia lo que muchos llaman la Luz.

Muchas personas que han estado muertas clínicamente durante unos minutos coinciden en que han visto un túnel luminoso, en donde se encontraba Jesús, la virgen María o un familiar desencarnado. Cuentan que se siente una paz imposible de describir con palabras y que, tras haber sentido la plenitud, estos seres les dicen que aún no es el momento y entonces la persona vuelve al cuerpo físico con una gran experiencia. Podemos ver que cada persona que ha pasado por esta situación tiene una versión similar, aunque distinta, de lo que es este túnel luminoso. Las diferencias en los relatos se dan porque el Cielo (o como cada uno quiera llamarlo) es un plano donde la forma y la materia no son como nosotros las conocemos en nuestro estado de conciencia actual. Por esto mismo, los seres que nos vienen a buscar se presentan con una forma familiar, conocida por nosotros, para que podamos comprender y estar tranquilos en este traspaso de plano. Los guías crean un holograma con una forma conocida por nosotros para seguir nuestro camino hacia la Luz. Esto quiere decir que, si has sido una persona muy devota de Jesús, seguramente te va a acompañar con una forma preconcebida que tengas de él. Y, si viene a buscarte una alma afín, ésta va a adquirir la forma física con la que la has conocido en la vida terrestre.

Una vez que logramos entrar en la Luz, lo primero que hacemos es sanar las posibles heridas que hayamos adquirido en la reciente encarnación, provocadas por la desconexión con nuestro ser. Como ocurre, por ejemplo, si hemos pasado toda nuestra vida intentando ser quienes no hemos venido a ser y cumplir con metas que no hemos venido a cumplir; es decir, si nos hemos pasado la encarnación transitando un karma ajeno (el karma de la sociedad), en lugar de trabajar de lleno en el nuestro. En estos casos, cuando muere el cuerpo, necesitamos la ayuda de nuestros guías para volver a estar limpios energéticamente y, una vez sanos, recordar el propósito por el que habíamos decidido encarnarnos en la Tierra. Entonces, junto con nuestros guías, analizamos toda la encarnación para comprender si la hemos transitado con éxito o no. Si no es así, no hay ni dolor ni culpa por ello, tampoco hay juicio final ni nadie externo que nos apruebe o desapruebe: somos nosotros los que nos evaluamos. A partir de aquí surgen distintos caminos que seguir: podemos quedarnos en ese plano luminoso para guiar a una alma afín o podemos volver a encarnarnos. Cuando elegimos este último camino, comenzamos a preparar, también junto con nuestros guías, nuestra próxima encarnación.

También puede ocurrir que hayamos vivido una vida muy superficial, sin formularnos preguntas trascendentes e identificándonos principalmente con el ego; que sólo hayamos intentado ser lo que la sociedad quiso que fuéramos, y hayamos sido materialistas o vivido una vida llena de angustias, miedos y tristezas sin conectar con nuestra esencia divina interior para sanar todo esto. En estos casos es probable que, al desencarnarnos, nuestra vibración sea tan baja que el alma y nuestros guías, por más esfuerzos que hagan, no logren comunicarse con nosotros por la diferencia vibracional. De ser así, quedaremos vibrando en un estado de conciencia que comúnmente llamamos bajo astral.

Bajo astral

Éste es un plano que se roza con la tercera dimensión, pero que no está regido por el tiempo y el espacio como nosotros los conocemos, por lo que las almas desencarnadas que vibran bajo pueden estar allí días, meses, años e incluso siglos y milenios sin darse cuenta del tiempo que pasa ni de los cambios físicos que se producen en la Tierra. Es como un plano que recubre el planeta y en el que habitan todos los seres que no logran elevar su vibración una vez que dejaron su cuerpo físico.

El bajo astral es lo que algunas religiones llaman infierno, aunque no hay ni fuego ni demonios. Más bien podríamos decir que es nuestro propio infierno, porque las almas que allí se encuentran pueden estar flagelándose permanentemente y están muy apegadas a la materia, a su última encarnación. Algunas ni siquiera saben que han muerto y siguen recreando su vida anterior. Hay almas del bajo astral que siguen habitando su vieja casa imaginariamente, por más que en la realidad ésta haya sido demolida y que una nueva familia, cientos de años después, haya construido otra encima. Estas almas son los famosos fantasmas que aparecen en los cuentos y las leyendas. Muchas personas las sienten e incluso pueden verlas. Pero aquí vamos a hacer una aclaración: sólo podemos verlas y oírlas con nuestros sentidos no físicos. Si las vemos con nuestros ojos, cosa que rara vez sucede, tal vez sea porque no están en el bajo astral o porque son almas de baja vibración que se están retroalimentando energéticamente de alguna alma encarnada. Es importante comprender que los que habitan el bajo astral no son peligrosos, pues no pueden hacerle ningún tipo de daño a una persona encarnada. Sólo pueden alimentarse de la energía de alguien que perdió las riendas de su vida, como, por ejemplo, un adicto a las drogas o al alcohol que vive en un absoluto caos y no sabe cómo salir adelante.

También es importante aclarar que en el Universo todo se maneja por la ley de la atracción. O sea que, si en una casa hay almas desencarnadas, es porque desde algún lugar se han sentido atraídas. La mejor manera de sacarlas no es haciendo una limpieza energética del lugar (hablaremos de ello en un capítulo aparte), sino trabajar internamente en sanar el imán que las atrae. He visto a personas sacar almas desencarnadas de sus casas a través de limpiezas energéticas y que, a los pocos días, éstas u otras vuelvan a instalarse allí. Si uno vibra en angustia, miedo, tristeza, ira o cualquier emoción de baja vibración, es probable que atraiga bajos astrales a su espacio energético. Si uno vibra en alegría, felicidad u otras emociones amorosas, claramente atraerá seres de alta vibración como nuestros guías.

En el bajo astral no sólo hay almas humanas desencarnadas, también hay una infinidad de seres y de vida que vibran por debajo de la frecuencia del amor. Es bueno comprender que las almas del bajo astral son nuestras hermanas, son semejantes a nosotros, pero han perdido su camino. No sólo se encuentran allí almas que en su última encarnación han sido delincuentes, violadores, asesinos, ladrones o estafadores; también las hay que han vivido deprimidas por creer que la vida era dura, que no han podido realizarse y se castigan por ello. Allí también se encuentran las que no logran soltar a sus seres amados por miedo a que ellos sufran e incluso las que no logran soltar sus empresas o emprendimientos. Asimismo, las personas que se suicidan, en el instante en que se desencarnan, se angustian por haberse quitado la vida y su baja vibración los atrapa allí.

La clave para trascender el bajo astral es poder elevar la vibración. El problema es que, si no hemos podido hacerlo encarnados, fuera del cuerpo y del mundo material se hace más difícil, porque las leyes del tiempo y del espacio son instantáneas. Es decir, en nuestra realidad, si nosotros nos angustiamos, es probable que nuestra angustia tarde en materializarse; de hecho, es probable que, si salimos a caminar o leemos un libro, nos distraigamos y la angustia se convierta en tranquilidad. En el bajo astral, sin embargo, esto no sucede del mismo modo. Si uno vibra en angustia, eso es lo que vivirá instantáneamente hasta que logre por sus propios medios cambiar su vibración. Por eso mismo, hay muchas almas humanas y de alta vibración que ayudan a las que están enredadas en este plano a reconocer su verdadera esencia. Como las almas del bajo astral vibran muy bajo y sus guías muy alto, nosotros, los encarnados, podemos ser un puente entre ellos.

Si sentimos que un ser amado se encuentra en el bajo astral y queremos ayudarlo a trascender ese plano, podemos hacerlo. Es importante, en primer lugar, elevar la vibración del espacio en el que estemos (véase el capítulo dedicado a la limpieza energética de espacios). Luego, una vez que estemos vibrando en amor, podemos llamar mentalmente al ser amado y, sin contagiarnos de su vibración, hablarle exclusivamente desde el corazón. Si logramos sostener por unos minutos un estado de amor profundo pensando en él, lo ayudaremos a que eleve su vibración hasta que sus guías puedan rescatarlo.

ENERGÍAS FEMENINA Y MASCULINA

Como ya señalamos, todo en el Universo es trino y una de esas trinidades es la que generan las energías masculina, femenina y su equilibrio. Así, podemos decir que el Universo está compuesto por estas dos energías, que una no puede existir sin la otra.

La energía femenina es la capacidad de recibir. Es el polo magnético, la intuición, la creatividad, la sensibilidad, la inspiración, la comprensión y la capacidad de ver la unidad del Universo. También la introspección, la mirada interna.

La energía masculina es la capacidad de dar. Es el polo eléctrico, la lógica, la acción y la individualidad. También la mirada hacia fuera.

En el Universo, todo tiene género y éste es independiente de la sexualidad. Ya en el átomo podemos ver como los electrones, con su energía femenina, giran alrededor de los protones, con energía masculina, en una interacción que resulta fundamental para la creación de la vida. Del mismo modo, a nivel energético, todos los seres del Universo estamos compuestos por estas dos energías.

Es importante para nuestro camino evolutivo tener estas dos energías equilibradas en nuestro interior. Podríamos decir que, para que nuestra energía fluya en su mayor potencial, lo naturalmente adecuado sería tener un 50% de energía masculina y un 50% de energía femenina (claro que hablar de porcentajes es burdo, pero es a modo de ejemplo). Ocurre, sin embargo, que en los humanos lo femenino y lo masculino se encuentran normalmente desequilibrados; es decir, tenemos exacerbada una de estas dos energías (independientemente del sexo que tenga cada uno de nosotros).

Si hay energía femenina en exceso, la persona tiene problemas para definir su individualidad, se preocupa más por los demás que por sí misma y le cuesta mucho expresar sus emociones, decir que no y poner límites ante las personas que la avasallan. En consecuencia, este tipo de personas suele ahogarse en sus emociones, que comprende muy bien, pero no puede resolver. Por otra parte, son personas muy creativas, con mucha capacidad artística, pero muy poca concreción. Por eso, quizá en su mente pueden crear mil obras musicales impresionantes o mil pinturas increíbles, pero no tienen la energía suficiente para materializarlas. Todo ello hace que puedan caer fácilmente en depresiones, melancolía, angustia y tristeza profundas, y que vivan atadas al pasado y no tengan claros los límites de la materia.

Por el contrario, si la energía que prima en exceso es la masculina, la persona está siempre mirando hacia fuera, sin conectar con su corazón y, por consiguiente, nunca sabe qué es lo que ama. Son personas con mucha voluntad, que actúan porque sí, sin cuestionarse siquiera si se lo pasan bien con ello, principalmente porque les interesa mucho el reconocimiento externo. En realidad, se trata de personas inseguras y por eso se esfuerzan por cumplir con los estándares sociales. Ello provoca que estén constantemente muy pendientes de lo que sucede fuera, de tal forma que se vuelven competitivas e incluso controladoras. Es gente desconfiada y estructurada, que vive en excesivo orden. No pueden fluir con los cambios y les cuesta mucho confiar en los demás. Por su ambición, llegan a ser líderes, pero les cuesta delegar tareas y siempre les preocupa el futuro.

Finalmente, si una persona consigue equilibrar sus energías femenina y masculina, es amorosa, tiene bien claros los límites de la materia y comprende la unidad de todo en el Universo. Asimismo, crea en su interior proyectos y obras magníficas y dispone de la energía suficiente para poder bajarlas a este plano y concretarlas. Las personas que viven en este equilibrio también tienen la suficiente introspección para descubrir sus emociones estancadas y disponen de la energía necesaria para no ahogarse en ellas y trabajar en sanarlas; no viven en el mundo de las ideas, pero recurren a ellas cuando es necesario, y comprenden que solamemente pueden dar a los demás el amor que se tienen a sí mismas. En definitiva, su mirada está en perfecto equilibrio, igual de pendiente de lo interno que de lo externo.

Las culturas antiguas, como la de los mayas, los egipcios y los incas, entre otras, tenían muy clara la importancia de ambas energías y solían hacer unos monumentos para la femenina y otros para la masculina y, así, mantenían este equilibrio. Los monumentos de energía masculina eran en punta, como los obeliscos, por ejemplo, que muestran que la energía masculina es penetrante y dadora. Los monumentos de energía femenina, en cambio, eran cavados en la tierra, hacia dentro, para simbolizar su receptividad.

Si nos detenemos a observar los cuerpos de las distintas especies que hay en el planeta, podemos observar que los masculinos penetran a los femeninos que reciben la semilla. Podemos observar como, en los mamíferos, que son los organismos más evolucionados y complejos del planeta, es el cuerpo femenino el que alberga al embrión, pues es la energía femenina la que sostiene, abraza y recibe. También podemos observar esta simetría en los dos hemisferios de nuestro cerebro: el izquierdo se encarga de las acciones con energía masculina, y el derecho, de aquello movido por la energía femenina.

Como humanidad experimentamos unos trece mil años de energía femenina, durante la época de la Atlántida y la Lemuria. Luego experimentamos la energía masculina durante los trece mil años siguientes, que finalizaron en el 2012. Nuestro próximo paso como humanidad es tener estas dos energías equilibradas. Sin embargo, para dar este salto, resulta imprescindible que volvamos a reconocer la energía femenina, para volver a incorporarla. Somos una sociedad masculina que poco a poco está equilibrándose. Ésta es una de las razones de que en la actualidad haya muchas personas con mayor energía femenina, pues la están mostrando a la sociedad para que ésta la reconozca.

PAREJA, EL GRAN COMPAÑERO DE VIDA

La pareja suele ser un factor muy importante en la vida de la mayoría de los humanos. La sociedad, a través de sus costumbres, sus representaciones artísticas, sus religiones y su educación, nos hace creer, desde niños, que somos incompletos y que la manera de completarnos es unirnos a otra persona como pareja. Nos influyen de tal manera que formar una familia se convierte en un logro que hay que conquistar sí o sí. De generación en generación, crecimos vibrando en escasez por haber aprendido que somos una media naranja y, como resultado de todo esto, gran parte de la sociedad sufre la soledad.

Las personas que van creciendo lejos de su verdadero sentir y que, con el transcurso de los años, no consiguen encontrar una pareja comienzan a desesperarse para no quedar fuera de las normas sociales. Por pura ley de la atracción, quien tiene la creencia de estar incompleto y busca completarse con otro por el mero hecho de no sentirse solo atraerá a su vida más soledad. Y esto le ocurrirá incluso en pareja, ya que, aunque superficialmente parezca haber encontrado la armonía, en lo profundo siempre estará latente la inconformidad que genera buscar fuera lo que en realidad está dentro. Este desorden, con los años, inevitablemente sale a la luz y trae consigo un sinfín de problemas, como celos, infidelidad, falta de reconocimiento, lucha de egos o inseguridades, que tienen un solo origen: el vacío interior que genera no sentirse completo y haber querido completarse con el otro sin conseguirlo. Este tipo de parejas (que podemos denominar kármicas) se forman para intentar resolver emociones estancadas generadas en algún momento del pasado y en ellas se aprende a través del dolor y el sufrimiento.

Hoy en día, como las energías del planeta y de la humanidad están elevándose, comienzan a aparecer muchas personas que trabajan primordialmente en su interior, tanto que comprenden que son completas individualmente, por lo que a partir de allí están listas para comenzar una pareja en verdadero amor incondicional, que no se atrae desde el karma, sino para acompañarse en igualdad y así seguir evolucionando y creciendo armoniosamente.

Así pues, si deseas tener una relación amorosa sana y sin proyectar tus carencias y sombras en tu compañero, lo primero que debes hacer es conocerte a ti mismo y comprender que todo lo que buscas fuera ya está esperándote desde siempre dentro de tu corazón. Somos completos individualmente y no necesitamos nada, ni a nadie, para estar plenos. Sólo sobre esta base podremos decidir atraer vibratoriamente a alguien que vibre de forma parecida a nosotros, con el fin de compartir la vida, haciéndola más hermosa; sabiendo que nada es para siempre, que cada pareja permanecerá junta el tiempo que deba ser, según la voluntad de las dos almas que se unen.

Particularmente me gusta hablar siempre de *compañeros*, porque eso es lo que siento que es una pareja: dos almas que se unen para acompañarse en la vida, para apoyarse y crecer. También me gusta la palabra *pareja* porque habla de par, de paridad, de dos que son iguales vibratoriamente y por ello se atraen, para caminar y crear juntos.

No creo en el matrimonio porque siento que no es necesario involucrar a un tercero que certifique el amor, el encuentro y el lazo entre dos seres ante Dios o el Universo. Mucho menos cuando quien lo certifica es un representante de una religión o del Estado, ya que siento que sus valores difieren en su gran mayoría de los del amor incondicional. No obstante, hay muchas personas hermosas que deciden casarse a través de ciertos rituales espirituales y demás. Cada elección es respetable y perfecta siempre. El matrimonio es algo exclusivamente cultural; si te sirve en tu vida, bienvenido.

Hay un cuento nativo americano muy hermoso que habla de dos jóvenes que se casaron ante su cacique, mediante sus leyes. Como su amor era tan profundo y con eso no les bastaba, fueron a ver al chamán de la tribu y le pidieron que los casara más allá de esta vida, que uniera las dos almas para la eternidad. El chamán respondió que no había problema, pero que para ello debían ir a la cima de la montaña y traer una pareja de águilas adultas, un macho y una hembra, además de una cuerda. La joven pareja cumplió con el cometido y, al cabo de dos días, volvió de la montaña con las águilas y la cuerda. Entonces el chamán les dijo: «Muy bien, ahora aten la pata de una águila a la pata de la otra». Una vez atadas, las águilas comenzaron a picotearse y a lastimarse entre ellas, sin poder alzar el vuelo. Después de unos minutos, el chamán las liberó y volvieron a volar juntas como fieles compañeras. El chamán miró entonces a los dos jóvenes profunda y amorosamente y les preguntó: «¿Están seguros de querer vivir atados?».

Una pareja son dos universos únicos y distintos que se unen para acompañarse, para apoyarse y para compartir la libertad individual. Puede pasar que uno subyugue al otro, por eso es imprescindible tener entre los dos la sinceridad de ayudarse a crecer, a evolucionar y, sobre todo, a buscar el sano equilibrio. Porque, en definitiva, estar en pareja es recibir lo que uno da. Ni más, ni menos.

También puede ocurrir que uno de los miembros de una pareja kármica comience a despertar y a darse cuenta de que es completo individualmente. Cuando esto ocurre, puede acompañar y mostrarle al otro esta nueva energía, este salto de conciencia. Sin embargo, si el compañero no quiere ver este cambio y quiere seguir bajo el viejo paradigma cultural, no se puede hacer nada; uno no puede cargar con la mochila de otro y debería plantearse terminar esta relación. Claro que el amor es una energía infinita que no tiene cantidad, por lo que, si existe verdadero amor, éste seguirá vibrando entre estos dos seres y lo único que cambiará será su manera de relacionarse.

LA CANALIZACIÓN, LA VERDAD EN EL SENTIR

Canalizar es recibir información de dimensiones superiores. Es una cualidad innata del ser humano y no tiene nada de sobrenatural o paranormal. Todos estamos permanentemente conectados con nuestra esencia y, por ende, con la del Universo. Sin embargo, como somos una sociedad centrada en el pensamiento, nos cuesta escuchar la verdad que nuestro ser tiene para revelarnos y queremos resolver pensando aquello que deberíamos encontrar sintiendo.

Además, vivimos pensando en el pasado y en el futuro, pero la canalización sólo se produce en el eterno presente. Así, mientras estemos pensando en cómo pagar las cuentas, en cómo ganar más dinero o en qué habría pasado si hubiéramos actuado de tal o cual forma (en otras palabras: mientras sigamos buscando fuera lo que nos está esperando dentro), nunca podremos oír la voz del corazón, la interna, donde sucede la canalización.

Como vimos, nuestra naturaleza como humanidad es plasmar el Cielo en la Tierra y esto lo hacemos a través de las obras creativas que realizamos. Muchas personas están canalizando diariamente, pero no son conscientes de ello. Por ejemplo, estamos canalizando cuando disfrutamos mucho de las actividades que realizamos o cuando, sin explicación aparente, se nos ocurren millares de ideas que, si estamos lo suficientemente enraizados en la Tierra, logramos plasmar a través de nuestras creaciones.

A medida que vamos elevando la vibración de nuestro campo energético, nos vamos volviendo más amables con nosotros mismos y con nuestro entorno, y comenzamos a ser más conscientes de que esas ideas que se nos ocurren «por arte de magia» tienen un origen externo a nuestro pensamiento. Si seguimos elevando la vibración, comenzaremos a distinguir de dónde viene la información.

La canalización en un grado de vibración normal de tercera dimensión aparece en nuestro pensamiento con la misma voz con la que pensamos interiormente. Esto se debe a que el procesador de nuestra mente, nuestra conciencia y nuestro campo energético es el cerebro. Este órgano decodifica los mensajes del ego, que está en el chakra Plexo, y también los del corazón, que está en nuestro chakra Cardíaco. Si nunca intentamos discernir entre el pensar y el sentir, los confundiremos, ya que los dos se decodifican en el mismo lugar.

La canalización es una gran herramienta para estar alineados con nuestro propósito de vida y saber siempre qué decisión tomar. Si tenemos dos caminos para elegir, para saber cuál es el camino correcto, debemos escuchar la voz de nuestro sentir, donde nuestro Yo Superior y nuestros guías susurran. También es importante estar sensibles y atentos para interpretar las señales que pueden aparecer en el camino. Lo que ocurre generalmente es que, ante cualquier interrogante, el ego, con sus miedos, comienza a tomar partido. ¿Por qué camino obtendré más dinero? ¿Por qué camino seré más exitoso y tendré más reconocimiento de la sociedad y de mi familia? ¿Pasaré dolor allí? Si tomamos las decisiones desde el pensamiento, a partir de futuros supuestos, seguramente estaremos eligiendo un camino distinto del que elegiría el alma, que es la que siempre sabe qué es lo mejor para nosotros. Aunque para el pensamiento la decisión del sentir sea loca y esté en contra de todos los pronósticos y parámetros impuestos por la sociedad, si la seguimos estaremos transitando nuestro verdadero camino y, por consiguiente, siempre estaremos satisfechos internamente, por más que afuera nos juzguen por dicha elección. Y es que no hay manera de transitar la verdadera y auténtica felicidad sin seguir la voluntad del corazón. El pensamiento está entrenado por una sociedad con valores torcidos, que no buscan satisfacer las verdaderas necesidades del ser humano. Si seguimos a nuestro pensamiento, corremos el riesgo de seguir postergando nuestra paz interna y nuestra felicidad.

La canalización se puede manifestar a través de la música, la pintura, un baile o una coreografía. También a través de la arquitectura, la economía, la literatura e infinidad de actividades más. De hecho, todas las profesiones pueden desarrollarse siendo canalizadas. Los grandes músicos de la historia, cuando componían, estaban canalizando. A menudo se dice que plasmaron una canción en cuestión de segundos porque «se les ocurrió de pronto». Lo mismo sucede con los grandes escritores, pintores o arquitectos. Es común oír que los científicos se pasan años investigando cómo lograr cierto avance para la humanidad y, de pronto, a uno le aparece la solución en la cabeza mágicamente. Con todo esto no quiero quitarle mérito al trabajo de las personas, todo lo contrario. Como ya vimos, el alma es un ser trabajando para un propósito determinado, y experimenta distintas dimensiones al mismo tiempo. Nosotros estamos siendo la parte del alma que es consciente solamente de la tercera dimensión, por lo que recibe ayuda de otros niveles de conciencia, a través de la canalización, para poder seguir avanzando en el camino álmico.

Si entramos conscientemente en contacto con los guías y el Yo Superior, tenemos absolutamente todo lo que necesitamos para realizar una encarnación exitosa. Esto quiere decir: disfrutar de nuestro paso por el planeta cumpliendo con todo lo que pactamos con nosotros antes de nacer.

Por otro lado, y según el propósito de cada alma, también podemos canalizar con seres de dimensiones superiores que no tienen por qué ser el Yo Superior o nuestros guías, como por ejemplo extraterrestres o el Yo Superior de un animal o de un árbol.

Hay que tener en cuenta que la información brindada en las canalizaciones siempre pasa por el filtro del cerebro, por lo que, cuando la persona lleva el mensaje al papel o lo cuenta, lo está bajando de plano. Ésta es la parte del proceso en que la información adquirida puede modificarse, ya que se analiza a través de las experiencias vividas y el grado de comprensión de cada uno. Al pasar por este filtro personal, la información se amolda inevitablemente a este plano y pierde contenido, ya que las palabras siempre son escasas para describir realidades tan amorosas. Así, una misma información de un determinado ser canalizada por dos personas distintas puede variar, ya que las dos personas cargan con distintas experiencias y lo que para una es una cosa, para la otra puede llegar a ser algo distinto, parecido pero distinto.

Experimenté personalmente la canalización en distintas vibraciones. El día que cumplí veinte años y tuve la experiencia de salir del cuerpo, la canalización fue tan fuerte que mantuve una conversación directa en la que podía preguntar y obtener respuestas como en una charla. Luego de ese día, a medida que mi vibración iba disminuyendo, podía sentir como seguía recibiendo los mensajes que me daban mis guías, pero sólo cuando estaba muy conectado y vibrando alto el mensaje era claro y podía mantener una conversación con ellos. Cuando estaba vibrando más bajo, en vez de escuchar, simplemente se me ocurría una idea. Durante todo un mes me estuvieron enseñando este proceso. Me aumentaban la vibración de manera inducida para darme cierto mensa-

je, luego me desconectaban y me daban el mismo mensaje para que notase la diferencia y así aprendiera a discernir para poder canalizar, aun cuando estuviera desconectado y con dudas por sufrir un golpe de mi pensamiento.

Nuestros guías, así como el alma y el espíritu, siempre nos acompañan. La diferencia entre escucharlos y no hacerlo es estar o no sincronizados con nuestro sentir.

Si nunca le dimos importancia al canal donde se produce la canalización, al principio de la práctica pueden surgir dudas y miedos. Pero se trata simplemente de confiar, jugar y seguir esos sentires internos, que al principio pueden ser como chispitas en una fogata de pensamientos; si nos aferramos a esos pequeños y constantes susurros del corazón, con el paso del tiempo irán incrementándose y lograremos estar alineados con nuestra voluntad más pura.

MEDIUMNIDAD, CLARIVIDENCIA Y CLARIAUDIENCIA

Cada día es más frecuente oír hablar sobre estas cualidades del ser humano: la mediumnidad, la clarividencia y la clariaudiencia. Se conoce como *médiums* a los mediadores entre este plano y otros que no son visibles a los ojos humanos de tercera dimensión, como por ejemplo el bajo astral u otros niveles de conciencia superiores. Por la necesidad social de explicarlo todo con palabras, llamamos *clarividentes* a los médiums que logran ver; *clariaudientes* a los que pueden oír, y *videntes* a los que perciben el futuro.

Siento profundamente que en este cambio de conciencia que estamos realizando, en este camino hacia el amor incondicional, es hora de empezar a desmitificar estas capacidades, y eso es lo que intentaré hacer en este capítulo.

Hay personas que contactan con almas desencarnadas y les permiten entrar en su cuerpo. No voy a extenderme acerca de esto, ya que considero que es parte de la energía vieja de la humanidad, que son prácticas que no suman al cambio de conciencia y suelen pertenecer a grupos espiritistas.

Hay también quienes profesan que ser médium es tener un don, nacer especial, como los superhéroes. Sin embargo, creo que es el momento adecuado para desprendernos de estas creencias que, lejos de unirnos, nos separan. Hay que tener en cuenta que estas cualidades no son ni sobrenaturales ni exclusivas de algunos pocos privilegiados: son innatas en el ser humano y todos las tenemos latentes en nuestra biología, justamente en la parte del ADN que la ciencia llama «residual». Potencialmente, todos tenemos las mismas cualidades, lo único que ocurre es que las personas que nacen con estas capacidades desarrolladas las traen activadas desde otras vidas.

Por otro lado, hay niños que ven o charlan con almas desencarnadas, que perciben o ven ángeles y duendes, pero que, al crecer bajo la advertencia social de que estas cosas no existen, empiezan a cerrar ese canal y así, inconscientemente, dejan de oír, ver y sentir otras realidades. Para estas personas resulta sencillo volver a abrir estos canales, siempre y cuando lo deseen, ya que el alma conoce esa energía desde la tercera dimensión. Si alguien que no nació con estas capacidades quiere desarrollarlas, también puede hacerlo en esta vida. Podemos verlo en este ejemplo: si una alma ha experimentado la música en sus encarnaciones previas, cuando comience a crecer como niño, tendrá mucha facilidad para tocar instrumentos, además del oído bastante desarrollado. Al mismo tiempo, un niño cuya alma nunca ha experimentado la música y quiere hacerlo, puede. Le costará mucho más trabajo que al otro, pero si realmente lo desea y practica con ganas, lo logrará. Su alma se irá impregnando de música y en futuras encarnaciones tendrá desde niño esa capacidad innata. Ésta es una gran explicación de por qué algunos nacen con ciertas capacidades y otros, con otras. Sucede simplemente por la historia del alma.

Una vez aclarados estos puntos, habría que añadir que, en el proceso de elevar nuestra vibración y conciencia, que estamos llevando a cabo como planeta y humanidad, intentamos sanar todas las emociones estancadas de nuestros primeros cinco chakras (Raíz, Sacro, Plexo, Cardíaco y Laríngeo), ya que en éstos es donde se encuentran las dificultades que debemos trascender para convertirnos en maestros de este plano y poder elevarnos en amor verdadero. Una vez sanados estos chakras, podemos centrarnos en desarrollar el sexto y el séptimo chakra, a los que pertenecen todas las capacidades mediúmnicas.

Este apunte es importante porque, si desarrollamos nuestro sexto chakra, comúnmente llamado Tercer ojo, sin sanar antes los cinco primeros, estaremos alterando el proceso natural de evolución y corremos el riesgo de que la ley del karma y la de la atracción nos atrasen o atasquen en el proceso. Somos como árboles, por lo que debemos tener la misma profundidad de raíces que de tronco y copa. Si nosotros, sin desarrollar las raíces, hiciéramos crecer una gran copa, nos sumergiríamos en nuestro propio infierno, porque veríamos, sentiríamos o percibiríamos cosas sin estar preparados para comprenderlas y nos asustaríamos. Esto es en general lo que puede sucederles a muchas personas que sólo ven en la espiritualidad la posibilidad de despertar cualidades paranormales o de recibir reconocimiento. Por el contrario, si nos centramos en nuestros primeros cinco chakras y día a día vamos sanando las emociones estancadas y disfunciones que tenemos en ellos, como consecuencia y añadidura, nuestros sexto y séptimo chakras comenzarán a activarse, siempre y cuando estemos listos para comprender.

Por otro lado, puede ser que alguien tenga estas capacidades desarrolladas desde el nacimiento; en este caso podrá enfocar ese Tercer ojo para dentro y eso le ayudará a encontrar y comprender emociones estancadas (con regresiones a la infancia, por ejemplo) para poder trabajar en ellas.

La telepatía, las visiones y la canalización, entre otras capacidades, pertenecen a la cuarta y a la quinta dimensión. Como nos encontramos en estado de transición hacia ellas, es lógico que, a medida que elevamos nuestra vibración, se vayan despertando y aflorando.

> *Cuando era niño, sentía almas desencarnadas cotidianamente y varias veces contactaba con ellas. A los diecisiete años, tras recibir una carta natal, me hablaron de la mediumnidad, me dijeron que tenía un don y me enteré de que podía conectar con otros planos de manera consciente. Obviamente me creí todo eso y comencé a sentirme especial. Cuando toma-*

ba alcohol lograba sensibilizarme de tal modo que sentía y oía los pensamientos de otras personas, y también conectaba con seres no encarnados. Mi ego crecía desbocado (incluso había ido al casino para apostar dinero, ¡y funcionaba!). Sin embargo, cuando cumplí veinte años y tuve esa experiencia en la que comprendí mi esencia, descubrí que no tenía un don y que utilizar estas capacidades en el nivel de conciencia en que me encontraba nunca me iba a llevar a buen puerto. Por lo que, a partir de ese momento, decidí dejar de usar esos canales y centrarme solamente en mi corazón. Así entré en un período en el que sólo conectaba con mis guías y mi Yo Superior para comprender y sanar. Perdí el interés en ver seres, en oírlos y en saber sobre el futuro, porque comprendí que el que quiere todo eso es el ego. A mi corazón no le interesan esas cuestiones, solamente intentar amar cada día de manera más intensa y sanar mis sombras.

No sirve de nada ver si no se sabe amar, y para amar no hace falta ver por fuera, sólo por dentro.

Considero importante que, si sientes la necesidad de ver más allá de lo que ves, de ser vidente, médium o de recordar vidas pasadas, te preguntes de dónde surge esa necesidad. ¿Será del miedo? ¿Será para que te valoren? ¿Para levantar tu autoestima? ¿Por falta de cariño en la infancia? ¿Para sorprender a otros? Todas estas búsquedas nacen del ego. Por lo que, si vas por ahí, te sugiero que intentes conectar con tu corazón para alinearte con tu propósito de vida.

ENFERMEDADES

Como ya sabemos, la casualidad no existe, por lo tanto las enfermedades jamás son obra de la mala suerte. Todo tiene un porqué y descubrirlo es la clave para sanar estas disfunciones, llamadas comúnmente enfermedades.

Una vez oí a mi gran amigo Pablo Almazán (decodificador biológico-emocional y fundador de Humano Puente) llamar «informedades» a las enfermedades, puesto que en realidad son un auténtico informe que saca al descubierto un mal funcionamiento de nuestro sistema energético. Y es que, como señalamos en el capítulo sobre los cuerpos sutiles, somos mucho más que el cuerpo físico (el más denso), que es simplemente una consecuencia de nuestro cuerpo álmico.

Cuando una emoción nace, busca ser transitada y expresada. Si no logra salir, inmediatamente se manifiesta por dentro y se estanca. Al estancarse comienza a generar disfunciones en los chakras y en los cuerpos sutiles de nuestro sistema energético. Si no reconocemos esa emoción estancada y, por ende, no la trabajamos, al pasar el tiempo comenzará a densificarse entrando poco a poco en el cuerpo físico.

Una persona que percibe los cuerpos sutiles puede ver y sentir enfermedades que aún no se han manifestado en el cuerpo. Es decir, que una enfermedad, muchos años antes de expandirse en el cuerpo físico, ya tiene su forma en los cuerpos sutiles. Por eso las terapias holísticas, como las sanaciones energéticas, trabajan directamente sobre los cuerpos sutiles, para ayudar a las personas a que tomen conciencia de sus emociones y hagan circular las estancadas. De esta manera, la enfermedad no se producirá en el cuerpo físico, que es cuando resulta más complicado sanarla, porque ya ha comenzado a atrofiar los órganos de nuestro cuerpo.

En resumen, las enfermedades tienen una causa, que es la emoción estancada, y una consecuencia, que es la enfermedad en el cuerpo físico.

La medicina convencional trabaja directamente sobre la consecuencia. Por ejemplo, si hay cáncer en un órgano, automáticamente intentará eliminar el cáncer para lograr que éste no se propague hacia otros órganos y extinguirlo del cuerpo físico. Las medicinas holísticas trabajan en los cuerpos sutiles, o sea, en la causa. Es decir, que si hay un órgano enfermo, estas terapias intentarán hacer recircular las emociones estancadas que generaron que ese órgano enfermara y trabajarán para que la persona pueda descubrir por qué generó ese estancamiento, y así sanar esa emoción. Cabe aclarar que las terapias holísticas son grandes activadoras y acompañantes del proceso, pero el trabajo de sanación siempre debe hacerlo la persona. A fin de cuentas, la forma de sanar es hacerse cargo de la emoción estancada y trabajarla profundamente. Nadie externo puede hacer el trabajo interno por nosotros.

**La medicina convencional cura
y las medicinas holísticas ayudan a sanar.**

Cuando la enfermedad ha logrado entrar en el cuerpo físico, lo mejor que se puede hacer es comenzar a trabajar con terapias holísticas para elevar la vibración corporal, comprender la causa y sanarla. Al mismo tiempo, es conveniente consultar la medicina convencional para poder acabar con la enfermedad del cuerpo físico.

Si sólo se trabaja con la medicina convencional, se elimina la enfermedad del cuerpo físico, pero no se sana el origen de ésta. En estos casos, lo más probable es que al poco tiempo vuelva a manifestarse la misma enfermedad o que la disfunción genere una enfermedad similar en algún otro órgano relacionado con esa emoción. Si, por el contrario, sólo se trabaja la enfermedad manifestada físicamente a través de terapias holísticas, tenemos que ser conscientes de que podemos llegar a sanar la emoción, pero también podemos llegar demasiado tarde para sanar el órgano físico.

Para sanar el cuerpo físico completamente a través de terapias holísticas, se requiere un cambio interior muy grande y, sobre todo, amar incondicionalmente. Por eso siento que, mientras estemos en este camino de aprendizaje, lo mejor es trabajar con los dos hermosos sistemas, hasta que, como humanos, hayamos logrado unirlos. Tengamos en cuenta, además, que muchos médicos de la medicina convencional van despertando su conciencia e incorporan distintas técnicas de sanación holísticas, por lo que un médico abierto a estas realidades seguro que encausará la enfermedad por buen camino.

De todos modos, si uno puede conectar con su interior, allí encontrará qué camino tomar, pues conozco gente que ha sanado enfermedades terminales solamente entrando en su corazón y descubriendo qué emociones estaban desencadenando la enfermedad. Cabe aclarar, sin embargo, que sólo las personas muy decididas a hacerse cargo de sus sombras y comprometidas consigo mismas logran generar estas sanaciones profundas.

Nuestros chakras, que son el cuerpo del alma, nos acompañan en todas las encarnaciones, pues son los que van evolucionando con el alma y sanando. Una enfermedad en potencia puede acompañarnos durante varias encarnaciones sin manifestarse en el cuerpo físico, pero ahí estará latente. De la misma manera, puede que durante varias encarnaciones seguidas nuestro cuerpo físico muera a causa de la misma emoción estancada no transmutada. Mientras estemos experimentando emociones estancadas sin hacernos cargo de ellas, las enfermedades entrarán en el cuerpo físico o estarán a un paso de hacerlo.

Hay que entender que las enfermedades pueden generarse por emociones de baja vibración como la ira, el miedo o la envidia, pero también se desencadenan por acciones morales que en la sociedad suelen estar bien vistas. Expliquemos todo esto con un ejemplo: supongamos que una persona es muy amable y buena, pero tiene una gran dificultad a la hora de expresar lo que siente. Ya sea por miedo a que la discriminen o por no herir a alguien. Si esta dificultad persiste, con el transcurso de los años, las palabras de su corazón seguirán estancándose en el habla y el chakra Laríngeo comenzará a tener problemas en su funcionamiento. A medida que el chakra se desequilibra, la enfermedad comienza a densificarse hasta llegar al cuerpo físico y es muy probable que comiencen las anginas. Después pueden surgir problemas con la tiroides. Hasta aquí nada es terminal, pero el cuerpo comienza a avisar cada vez de manera más intensa de que es hora de sanar estas emociones y comenzar a expresar los sentimientos. Si esta persona sigue muy sometida a las reglas de la sociedad y le parece imposible decir lo que siente, al cabo de unos años más tal vez se produzca en ella un cáncer terminal de garganta, el cuerpo muera y el alma siga su camino. Cuando elija encarnarse nuevamente, ese desequilibrio continuará ahí y, si en esa nueva vida no logra hacerse cargo definitivamente de sus sentimientos, volverá a comenzar el mismo proceso que en la última encarnación. Así pasarán meses, años, décadas y quizá vidas, hasta que logre sanar esas emociones estancadas.

El origen de una enfermedad es distinto en cada persona. Cada uno debe bucear en lo profundo de su sistema energético para descubrir sus disfunciones. Para esto es bueno recurrir a alguna actividad, herramienta o terapia que ayude a conectarse, pero el trabajo de hacerse cargo de la situación siempre es de uno mismo. Los milagros ocurren cuando hay amor, sabiduría y voluntad.

Es por esto mismo que los santos, cristos o sanadores (personas que logran despertar gran parte de su conciencia álmica haciendo consciente su inconsciente) siempre entran en contacto con el Yo Superior de la persona enferma antes de realizar sus milagros. Sólo sanan su enfermedad cuando ven que esta persona ya sanó la emoción estancada. Si el enfermo aún no aprendió la lección por sí mismo, el sanador no se interpondrá en el camino de la enfermedad. Cuando Jesús le devolvía la visión a un ciego, se comunicaba primero con el sistema energético del enfermo y se aseguraba de que éste ya hubiera aprendido la lección de la ceguera. Si todavía no la había aprendido, seguro que lo ayudaba a sanar esa emoción, pero no le devolvía la vista.

LOS ASTROS Y SU INFLUENCIA SOBRE LOS SERES QUE HABITAMOS EN LA TIERRA

Como bien sabemos, en el espacio hay estrellas y conjuntos de sistemas planetarios muy lejanos a la Tierra que, vistos desde aquí, forman puntos luminosos. A lo largo de las distintas civilizaciones comprendimos que podemos unir simbólicamente esos puntos y analizar la energía que existe entre ellos. Estas uniones son lo que denominamos constelaciones. Así como cada sistema solar tiene una energía única y propia, la energía que se genera en la unión de estos sistemas solares también lo es.

Pongamos un ejemplo básico: paramos a tres personas que vibren muy alto en algún lugar e imaginariamente trazamos líneas entre ellas para formar un triángulo. Si entramos en ese triángulo, vamos a sentir la energía que forman esas tres personas y nos va a influir en nuestro campo energético. Ahora paremos en otro lugar a tres personas que vibran muy bajo y tracemos nuevamente un triángulo uniéndolas imaginariamente. Si entramos en él, claramente sentiremos una energía completamente diferente de la del primer triángulo y esta nueva energía también influirá en nuestro campo energético.

Ahora adentrémonos en nuestro Sistema Solar. El Sol y cada planeta tienen una energía única que nos influye directamente según la distancia a la que se encuentran de la Tierra. La energía y la vibración de Júpiter, por ejemplo, no es la misma que la de Marte o la de Venus. Entonces, la energía de la Tierra no es la misma cuando Júpiter está cerca que cuando está lejos (como sabemos, el Sistema Solar está en continuo movimiento, por lo que Júpiter no está hoy donde estará mañana y así con cada planeta). También hemos dicho que cada constelación tiene su propia energía. Así, no es lo mismo para los que vivimos en la Tierra si Júpiter está pasando por la constelación de Leo que si está pasando por la de Piscis. Lo mismo sucede con nuestra Luna y con todos los planetas de nuestro Sistema Solar.

Entonces, cuando una alma decide encarnarse en la Tierra y elige una determinada personalidad para poder desarrollar los propósitos que se ha planteado cumplir, debe escoger un determinado tiempo y espacio para nacer; un lugar concreto que, teniendo en cuenta las leyes naturales del Universo, le asegure la energía necesaria para cumplir con su plan álmico.

Son muchas las culturas sabias que poblaron la Tierra hace miles de años y que estudiaban los astros para tomar decisiones. En este sentido, lo que hacen los astrólogos hoy en día es similar, pues analizan la posición de cada planeta de nuestro sistema y la relación entre esas posiciones en un determinado instante para así saber qué características tiene en ese momento la energía que afecta a la Tierra (es como si le sacasen una foto al Sistema Solar y la estudiaran). Así, cuando alguien no sabe qué profesión escoger o se siente perdido, si todavía no es capaz de conectar con su corazón, puede serle de mucha utilidad consultar su carta natal con un buen astrólogo, pues allí verá todas sus cualidades, sus capacidades y debilidades.

Si tu carta astral muestra un talento gigantesco para pintar y aún no lo probaste, te propongo comenzar a hacerlo, ya que pintando descubrirás un sinfín de emociones y universos internos que te llevarán a realizarte como alma en la Tierra. Lo que no te recomiendo es analizar el futuro a través de la astrología, ya que las predicciones nos condicionan.

EL PODER SANADOR DE LA MÚSICA (AFINACIÓN EN 432 HZ)

Todos hemos experimentado alguna vez el poder de la música. Si aún no lo has hecho, te lo recomiendo. El sonido es vida. Y comenzar a escuchar música conscientemente es una de las grandes riquezas que puede tener una persona.

La música tiene la capacidad de mover todas las emociones del cuerpo: la tristeza, la alegría, la ira, el miedo, el amor, la paz, la melancolía, etc. Puede pasearnos por distintos climas y contextos; podemos sentirnos como en un bosque frondoso y en tan sólo cuatro compases cambiar a un mar calmo. Puede llevarnos de la quietud al suspenso o entrar en un movimiento que nos genere adrenalina. También tiene la capacidad de transportarnos en el tiempo. ¿Quién no ha viajado hasta un recuerdo a través de una melodía?

Desde niño he oído decir que la música sana, y no le presté atención a esta afirmación hasta hace algunos años. Simplemente me pasé toda la niñez cantando y experimentando con instrumentos musicales, y en la adolescencia comencé a estudiar música y a dedicar las horas y los días a navegar en ella. En todo este tiempo descubrí un sinfín de cualidades que intentaré describir.

Como ya comentamos, el sonido es parte de la trinidad del Universo. Por eso mismo, cuando hablamos de energía, solemos usar dos de sus características: vibración y frecuencia.

Por otro lado, el sonido se suele dividir en siete unidades, más conocidas como notas. Claramente no existen porque sí, al azar, sino que ello responde a una geometría perfecta, que varios humanos han ayudado a descifrar a lo largo de la historia; uno de ellos fue Pitágoras. Estas siete notas son las notas pilares de la música, pero entre una nota y otra hay infinitas más (cada sonido que oímos es una), que son los llamados armónicos.

Sé que mucha información musical y técnica puede ser tediosa, pero mi naturaleza de músico no me permite esquivar esta oportunidad para desarrollar un poco el tema.

Si pudiésemos tomar un piano que tuviera todas las infinitas notas que existen en el Universo y tocásemos la nota Do, veríamos como inmediatamente comienzan a vibrar otras notas. Primero un Do más agudo, luego un Sol, luego la cuerda donde está el Mi, después el Fa, el La, el Re y el Si. Después de que se repitieran estas siete notas unas veces más, vibrarían también otras cinco, Do#, Mi#, Fa#, Sol# y La#. Entonces podemos comprender que, de todas las infinitas notas que existen, al tocar el Do, primero vibran las siete notas de su escala (Do, Re, Mi, Fa, Sol, La y Si) y, después de repetirse estas siete, comienzan a sonar otras cinco que, sumadas a las siete primeras, componen las doce notas de la música que utilizamos.

Si tomásemos este mismo piano y tocásemos la nota La, veríamos como, a través de sus armónicos, se formaría su escala: primero La, Si, Do#, Re, Mi, Fa# y Sol#; y, luego de que éstas se repitieran, comenzarían a sonar las cinco que faltan para completar las doce notas (La#, Do, Re#, Fa y Sol). Si siguiéramos tocando una por una las notas del piano, a través de los armónicos iríamos descubriendo las escalas de siete notas que se desprenden de cada una de ellas, obteniendo así la geometría perfecta de la música.

Esto mismo que sucede con los armónicos de las notas sucede con nuestras relaciones. Cada uno de nosotros está vibrando en una determinada frecuencia y, por pura resonancia, vienen a nosotros personas que son armónicos de la nota en la que estamos vibrando; y, a la vez, nosotros somos armónicos de las notas en las que están vibrando cada una de ellas. Ésta es la razón por la cual grandes lazos, amistades o relaciones que un día fueron muy importantes para nosotros hoy en día pueden no serlo más, pues ya no somos armónicos. Aceptar esto y no apegarse es una gran clave de vida. Todo fluye y constantemente estamos resonando con otras personas que vibran dentro de nuestra escala musical y nosotros en la de ellas. Cuando evolucionamos, crecemos y cambiamos, comenzamos a emitir un nuevo sonido y es lógico que con él generemos nuevos armónicos.

Podemos decir, pues, que la realidad que vivimos vibra en la misma frecuencia que nosotros. Así, si no nos gusta nuestra realidad, lo único que podemos hacer para cambiarla es comenzar a vibrar de forma distinta.

Al igual que las emociones, el sonido es vibración y se mide en hercios (Hz). Cada nota que suena mide una cantidad justa de hercios. El oído humano promedio oye desde los 20 Hz (una nota muy grave) hasta los 20.000 Hz (una nota muy aguda). Las notas graves vibran lento, y las agudas, rápido.

Como vimos recién, son siete las notas pilares de la música con los armónicos que se producen entre ellas, lo que viene a resultar en un total de doce notas relacionadas con cada una de ellas, y así consecutivamente. Aquí comienza el concepto de afinación y de equilibrio. Para hacer música afinada y acorde a la geometría del Universo, es preciso usar estas doce notas, pero siempre montadas sobre siete de ellas, que son el eje de la escala musical que vamos a usar. Lo importante es que estas notas sean armónicas entre ellas independientemente de la cantidad de hercios de la afinación. Si bajamos los hercios, la música es más grave; si los subimos, más aguda.

Históricamente se ha afinado el La en 440 Hz como referencia para afinar los instrumentos. O sea que, a partir de éste, se afinan el resto de las notas. Este La, sin embargo, lo podemos afinar donde nosotros queramos, lo importante es que las notas que afinemos luego sean armónicos de éste para que la geometría de la música tenga sentido y todo suene afinado.

Aquí llegamos a la reciente y famosa disputa sobre la afinación en 440 Hz o en 432 Hz.

Como señalamos, nuestro sistema energético es vibración y, por lo tanto, nuestros chakras están vibrando a una determinada frecuencia, que es equivalente a la de la música. Cuando estamos desplazados de nuestro eje y tenemos emociones estancadas, nuestros chakras vibran fuera de su vibración natural, en desequilibrio, están desafinados. Cuando nos centramos y logramos elevar nuestra vibración, de tal manera que nos adentramos en el eterno presente y sentimos el verdadero amor, automáticamente nuestros chakras vuelven a su centro vibracional y, por ese instante, funcionamos con todo nuestro potencial. Si pudiésemos vivir toda nuestra vida en este estado de equilibrio, no conoceríamos la enfermedad.

Cuando afinamos el La en 432 Hz y a partir de esta nota afinamos el resto, estamos afinando la música en la misma vibración que tienen nuestros chakras equilibrados. Por eso la música afinada en 432 Hz es sanadora, porque nos está recordando nuestra vibración natural. Esto no quiere decir que mágicamente esta música vaya a solucionar todos nuestros problemas. Significa que, cuando escuchamos, contemplamos y viajamos en ella, nuestras emociones estancadas vuelven a circular y tenemos la posibilidad de reencontrárnoslas para sanarlas y transmutarlas desde el amor. También sucede que la música en 432 Hz nos muestra el amor incondicional del Universo y, al escucharla, nos alineamos y sentimos la paz interior, la claridad, la perfección y la tranquilidad mental de adentrarnos en el presente. Amamos mientras viajamos en ella, y por eso sana.

Durante el siglo XX, el físico alemán Winfried Otto Schumann predijo que la frecuencia más baja del espectro electromagnético del planeta Tierra es de 7,83 Hz, que equivale a un Do (que, desarrollados sus armónicos, nos lleva hasta un La en 432 Hz). Entonces, si consideramos que 7,83 Hz es la frecuencia base de la Tierra, es lógico que nosotros, que vivimos en ella, tengamos que estar en esa misma frecuencia para funcionar en equilibrio y armonía; por eso la música afinada en 432 Hz nos sintoniza con la frecuencia universal.

Como señalamos, la música vibra y cada obra musical tiene una vibración única, que se suma a la vibración de la afinación que se le da (440 Hz, 432 Hz, etcétera). Asimismo, cada ser humano está vibrando en una determinada frecuencia. Entonces, si alguien escucha una música que vibra en una frecuencia mucho más alta que la suya, no la disfrutará e incluso le podrá disgustar. Lo mismo sucede a la inversa: si alguien escucha una música que vibra mucho más bajo que él, no la disfrutará y, si la escucha por un rato largo, es probable que le comience a molestar o le duela la cabeza.

De hecho, podemos ver como, a lo largo de nuestra vida, vamos escuchando a distintos artistas, obras y estilos musicales según la vibración que tenemos en ese momento. Y podemos ver, también, que, en la mayoría de los casos, a medida que pasan los años, vamos escuchando música que vibra más alto. De la misma manera, los bebés, cuando nacen, son tan puros que no les va bien cualquier música y seguro que se van a sentir más cómodos y a gusto con música de alta vibración.

La música comercial, la que suena en los medios de comunicación, está afinada mayormente en 440 Hz y es perfecto que así sea, porque gran parte de la población mundial aún no está lista para sanar ciertas emociones, ni tampoco quiere hacerlo. Tengamos en cuenta que la mayoría de las letras de las canciones populares han nacido en desconexión, es decir, que están compuestas desde emociones estancadas como la melancolía. Si nos fijamos, hay una infinidad de canciones que fortalecen la creencia de que, si alguien se va de tu vida, ésta se termina. También es el caso de las canciones de protesta, en las que se le echa la culpa de todo a lo externo, sin mirar hacia dentro. Es evidente, pues, que estos mensajes no están en la misma frecuencia que la música afinada en 432 Hz. Sí que hay algunas grandes obras de la música popular del siglo XX que han sido grabadas en 432 Hz, aunque la moda de la época era otra.

Muchas veces me han preguntado: «¿Por qué nuestra música está afinada en 440 Hz y desplazada del eje natural?». Siempre respondo de la misma manera: «Creo que, como sociedad, estamos desafinados y desequilibrados. Somos la única especie que rompe con el equilibrio de la naturaleza. Los únicos animales que contaminamos y ponemos en riesgo la permanencia de la vida misma. Entonces, es lógico que nuestra música popular no esté afinada en equilibrio».

Causalmente, cuando mi hermano y yo éramos adolescentes, queríamos comprar un piano. Vimos varios y terminamos comprando el único que podíamos con el dinero que teníamos. Sonaba lindo, pero tenía el arpa quebrada y por este motivo no se podía afinar en 440 Hz. Para mí, realmente, era como una maldición, pues detestaba no poder tocar en la afinación común. Locamente, por esas magias del Universo, este piano sólo se podía afinar en 432 Hz. Los meses pasaban y seguía estudiando piano, sin ser consciente de que se producía la magia del 432 Hz. Mientras estudiaba o tocaba las piezas de Mozart, Bach, los Beatles o las canciones que iba componiendo, todo se alineaba. La sanación se producía. Entonces empecé a canalizar, y años más tarde lo comprendí.

Actualmente siempre afino mis instrumentos en 432 Hz. De hecho, en mis primeros conciertos solía mostrarles a todos los que estaban presentes un fragmento de una canción en 440 Hz y luego la misma en 432 Hz para que sintieran la diferencia. Como resultado, todos afirmaban que el 440 Hz es bellísimo, que tiene una sonoridad hermosa, pero que el 432 Hz es penetrante, profundo. Al escuchar este último, todo el cuerpo vibra y se siente como las ondas sonoras vibran en nuestro sistema energético moviendo todo lo que hay; se siente una gran armonía y paz en el ambiente. Cabe mencionar también que el 432 Hz tiene una vibración tan potente que, si la escuchamos mientras pensamos en muchas cosas a la vez, es posible que nos parezca ruido y nos empiece a molestar, porque es una vibración que nos pide concentración y que estemos en el presente.

Para entregarle al mundo una herramienta de conexión, meditación y viaje interior compuse y grabé las *Frecuencias álmicas*. Son armonías y melodías instrumentales que vibran alto porque fueron creadas para la sanación y reconexión con la esencia del corazón. Al estar afinadas en 432 Hz su naturaleza sanadora se potencia. Asimismo, grabé álbumes como *COSMOS 432* y *Calma*.

Para terminar este capítulo, me gustaría apuntar un último detalle: como sabemos, cada chakra tiene un color de luz y también un sonido. Este sonido, evidentemente, es una nota. Así, por ejemplo, si hacemos sonar un Fa armónico del La en 432 Hz, vamos a estar estimulando directamente al chakra Cardíaco para que entre en equilibrio. Sin embargo, del mismo modo que un chakra no es independiente de los otros, vemos que también la música está compuesta por todas las notas sonando al mismo tiempo. Ya hemos visto los armónicos que se generan al tocar una nota, pero pensemos que, cuando en música hablamos de acordes, estamos hablando de tres o más notas sonando al mismo tiempo. Es decir, en el caso del acorde de Do Mayor, las notas que suenan son Do, Mi y Sol; en el de re menor, son Re, Fa y La, y las que conforman el mi menor, son Mi, Sol y Si. En esos tres acordes ya tenemos las siete notas de la escala y, por eso, en una canción es muy probable que logremos oír y contemplar el vibrar de todas las notas sin ser conscientes de ello, lo que provoca que todos nuestros centros energéticos resuenen al unísono con la canción.

Ahora bien, hay terapias que consisten en tocar una sola nota durante un tiempo determinado para estimular directamente un chakra. Puede ser bueno a nivel terapéutico, para determinadas ocasiones en donde sólo queremos trabajar en alinear un chakra concreto; sin embargo, creo que, si como humanidad hemos desarrollado la geometría musical, con su combinación de vibraciones y sonidos, escuchar tan sólo una nota es como volver muy atrás en el tiempo.

LIBRE ALBEDRÍO Y DESTINO

En esta dimensión en que vivimos nos rige la ley del libre albedrío. Esto quiere decir que cada uno de nosotros puede hacer con su tiempo lo que quiera; cada uno debe tomar sus propias decisiones para caminar su vida y éstas son infinitas, como las moléculas que hay en el aire. Para algunas personalidades esto es una fortuna, mientras que a otras les genera una gran angustia. Lo cierto es que las almas de todos los que vivimos aquí han tomado la decisión de experimentar el libre albedrío, ya que es una de las sabidurías máximas que pueden abrazar, pues es un gran desafío nacer en aparente desconexión con La Fuente y desde allí encontrar el camino a casa.

El alma siempre tiene un propósito por el que elige nacer en la Tierra, por eso mismo todos tenemos un destino. Quiero decir, al tener varios propósitos, tenemos varios destinos que cumplir. Como hemos visto en el apartado *Planificación de una vida-encarnación*, álmicamente hemos creado un mapa de ruta que nos acerca a realizar todas estas travesías y destinos a través de las sincronías.

Si tuviésemos la capacidad de tomar todas nuestras decisiones desde el sentir, sin ningún tipo de miedo, estaríamos condenados a llegar a estos destinos que el alma eligió, sin despistarnos ni medio centímetro del camino. Ni se nos ocurriría girar a la derecha en medio del camino, ni tampoco pararnos, volver atrás, aprender y seguir adelante. Pero claro, si esto fuese así, ya no habría libre albedrío, porque todos estaríamos realizando eso que vinimos a realizar y no podríamos elegir no realizarlo. Si tuviésemos esa capacidad ya seríamos genios de este plano, por lo cual no estaríamos aquí.

Por vivir en libre albedrío y tener libres voluntades, estamos experimentando el hermoso desequilibrio de la dualidad. Al experimentar el miedo, por ejemplo, nace la duda a la hora de tomar decisiones, y esto es lo que nos puede llevar a «equivocarnos de camino» y tomar una ruta que no nos conducirá al destino que el alma eligió. Pero claro, nuestro destino siempre está intentando acercarse a nosotros. Esto quiere decir que el Universo, los guías y el alma intentarán continuamente ponernos obstáculos en la vida para que podamos frenar un instante, entrar en introspección y analizar nuestro caminar. Los despidos en el trabajo, los accidentes, las muertes de familiares cercanos y una infinidad de acontecimientos más son los que nos llevan a reflexionar acerca del camino que venimos realizando y formularnos la pregunta más importante, que necesita, sin objeciones, una respuesta sincera: ¿soy feliz haciendo esto que estoy haciendo?

Estos intentos divinos por señalarnos el camino no sólo ocurren a través de procesos fuertes, también suceden a través de ofertas laborales, propuestas de personas que llegan a nuestra vida y otras sincronías. Por todo esto es bueno vivir prestando mucha atención a las señales que el Universo nos envía constantemente, siempre analizando con el corazón si sentimos tomarlas o no.

Tengamos presente que, siempre que estemos en un cuerpo, estaremos experimentando; por lo tanto, siempre, cualquiera que sea la decisión que tomemos, vamos a estar ganando experiencia y sabiduría. Por más que estemos desviados del camino que hemos elegido antes de nacer, vamos bien. El Universo es infinito y nadie más que nosotros nos juzgará por tropezar mil veces con la misma piedra. Por eso es importante tomarse las cosas con calma y disfrutarlas. Tenemos miles de millones de años para nacer y morir y nacer y morir... No nos castiguemos si hemos tomado decisiones equivocadas. Caminar por la vereda de enfrente nos va a ayudar a comprender y saber cuál es la nuestra. El pulso es vivir feliz sintiéndonos a gusto con el entorno y con nosotros mismos.

Recordemos que el destino no es un objetivo único, menos aún uno profesional. El destino es una relación de pareja, ser padre, madre, hijo, abuelo, médico, músico, economista, plantar árboles, escribir, leer, aprender, conocer lugares, sentir emociones, sanar emociones, viajar en tren, en avión, comer carne, decidir no comerla más, hacer deporte, tomar decisiones y aprender a no tomarlas cuando no es conveniente hacerlo. En fin, el destino puede ser todo eso e infinidad de cosas más, depende del camino de cada uno. Lo importante es que intuyas el tuyo y te fundas en él. Si no lo haces, no hay problema. Tómate la vida como un juego, con calma.

LOS SUEÑOS, UN VIAJE ASTRAL

El alma no duerme ni descansa, siempre está teniendo una experiencia. Por lo tanto, cuando nos vamos a dormir, lo que estamos haciendo es dejar descansar y reposar el cuerpo. Una vez que éste se encuentra dormido y entramos en el sueño, el alma comienza a viajar por el Universo. Claramente, este viaje no es físico, por lo tanto, la realidad en ese plano no está atada ni al espacio ni al tiempo. Por eso, cuando dormimos, realizamos lo que se conoce como viaje astral.

En el plano astral, todas las posibilidades existen, ya que es extremadamente flexible. Esto quiere decir que, en los sueños, podemos tener grandes revelaciones del alma en forma de metáforas o encontrarnos con una alma amiga que, habiendo partido del plano físico, recurre a este plano para conectarse con nosotros nuevamente y dejarnos un mensaje. También podemos tener advertencias sobre posibles experiencias futuras, en donde nuestros guías nos preparan para que, al vivirlas, el shock emocional no sea tan fuerte. Y es común que muchas almas, mientras el cuerpo descansa, viajen a otros sistemas planetarios para recargar energías, sanar o bien seguir instruyéndose sobre el trabajo que están realizando en sus respectivas encarnaciones; aunque lo que generalmente sucede es que los sueños nos confrontan con nuestras emociones estancadas.

Todos tenemos un aspecto consciente y uno inconsciente. En el consciente se encuentra el funcionamiento de todo lo que ya conocemos y en el inconsciente, que es lo que muchos desconocen, se encuentra toda la historia del alma, las emociones que sanar, los miedos más profundos y el mapa de ruta de nuestra vida; por lo tanto, es aquí donde podemos encontrar más cantidad de información. Cada vez que nos vamos a dormir, abrimos la puerta tras la cual el inconsciente se revela.

Sanar y evolucionar es hacer consciente al inconsciente.

Cada noche todos los humanos soñamos sin parar, pero sólo los más introspectivos logran recordar las vivencias de los sueños. Cuanta más vida interior, mayor será la capacidad de recuerdo. Nuestro camino de sanación como humanos es hacer consciente el inconsciente; es decir, hacer visible lo aparentemente invisible.

Como vimos en el capítulo sobre las leyes universales, la geometría del Universo nos empuja continuamente hacia la evolución, lo que nos lleva a enfrentarnos constantemente con nuestras trabas y miedos. Los sueños no son la excepción. Cuando entramos en el viaje astral, nuestras emociones estancadas se revelan en forma de experiencias fuertes, o sea, pesadillas.

Cuando una emoción nace con mucha fuerza y no logramos expresarla, para que no se estanque y se convierta en una enfermedad nuestra alma la expresa a través de los sueños para liberar un poco esa carga. Éste es el caso de los sueños eróticos con personas conocidas o también esos sueños donde se descarga toda la violencia que estando despiertos no nos animaríamos a exhibir.

Según la capacidad de introspección y de hacerse cargo de las emociones, los sueños serán más claros o más difusos.

Una práctica interesante es la de anotar los sueños o grabarlos, para luego, días más tarde, poder visualizarlos de nuevo y trabajar en descifrarlos, ya que allí siempre se manifiesta toda la información sobre los pasos a dar. Claro que, por ciertos condicionamientos sociales, muchos no están dispuestos a hacer lo que su corazón anhela. Esa misma negación es la que no les permite recordar sus sueños, donde se manifiesta la posibilidad de libertad, aunque a veces venga disfrazada de conflicto.

Personalmente, intento pasar dos horas diarias en ese estado que no es ni dormido ni despierto, porque es un estado de ensoñación en el que trabajo directamente con mi inconsciente, donde tengo todo el alimento que necesito para crecer. Es decir, que allí me topo siempre con las claves para mi sanación, como por ejemplo:

- Recordar situaciones vividas en mi infancia donde sufrí o me angustié y quedaron emociones estancadas. Al recodar la experiencia, me enfrento nuevamente a ella, pero con más sabiduría, comprensión y compasión.
- Deseos profundos que me cuesta reconocer conscientemente.
- Recordar mi origen cósmico y estelar.
- Me encuentro con almas afines o con mis guías. Me dan algún mensaje importante para el proceso que estoy realizando en el presente.
- Entrar en contacto con mi esencia más pura, donde comprendo procesos evolutivos; como, por ejemplo, el pranismo, que me enseña a ser consciente de cada una de las células que componen mi cuerpo.
- Experimentar situaciones muy vividas en forma de metáforas, para comprender que ciertas etapas de mi vida terminan y que otras nuevas comienzan.

Puedo ver, mirando al pasado, como cada sueño que tuve se amolda al momento evolutivo que estaba viviendo en esa época y que, a través de los sueños, logré avanzar mucho en mi camino. Así que recomiendo plenamente analizar lo que soñamos.

EL MITO DE LOS VAMPIROS ENERGÉTICOS

En muchas ocasiones he oído hablar de los vampiros energéticos. Se suele creer que son aquellas personas que roban energía de otras y que conviene identificarlos para estar lejos de ellos. Por esta razón es trascendente para mí escribir sobre este tema, porque siento que hay una gran confusión al respecto; pero, sobre todo, una característica que se repite: la de culpar a otro de robarnos la energía, cuando lo que ocurre en realidad es que no podemos gestionar nuestras carencias emocionales. Es el mismo cuento de siempre en el que necesitamos que haya un bueno y un malo.

La realidad es que todos los seres humanos tenemos comportamientos de vampirismo energético. El Universo es energía, nosotros estamos compuestos por ella. Cada vez que buscamos algo en el otro, estamos intentando alimentarnos de su energía; cuando necesitamos que alguien se quede dos minutos más en nuestra vida también. Es una conducta inconsciente del humano y no es mala, es natural a nuestro nivel de conciencia. De hecho, estamos en una frecuencia vibratoria en la que la mayor parte de nuestra energía la conseguimos externamente. No sólo comemos alimentos, que son energía externa, sino que también nos alimentamos de las relaciones sociales que formamos. Hasta que no terminemos de comprender que estamos totalmente completos individualmente, seguiremos retroalimentándonos los unos a los otros.

Claro que hay distintas formas de alimentarnos de lo externo. No es lo mismo una persona que sale a robar para conseguir su alimento que una que trabaja de cualquier cosa para conseguirlo o una que lo consigue porque que se dedica a lo que ama y, a través de ese intercambio, embellece la sociedad. En una hay un sufrimiento grande en el intercambio, en otra el dolor es más leve, pero existe, y en la última hay pura armonía.

Para sanar nuestras conductas de vampiros energéticos, la pregunta que debemos hacernos a cada acción que realicemos es: ¿estoy esperando algo a cambio de lo que estoy haciendo?

Si la respuesta es sí, significa que estamos intentando alimentarnos de la energía del otro intencionadamente. Muchas veces nos acercamos a hablar con alguien en busca de cariño, reconocimiento, apoyo o atención (en fin, buscando que el otro nos dé algo, sea material o energético). Muchas relaciones están montadas sobre esta energía y sobra decir que traen sufrimiento constante.

Si la respuesta es no, quiere decir que estamos dando el próximo paso en la evolución humana, dar sin esperar nada a cambio, porque confiamos y sabemos que el Universo nos traerá todo lo que necesitamos en el momento justo y adecuado, a través de cualquier persona o situación. Es sano alimentarnos de la energía del otro siempre y cuando sea en forma sincera y respetando su voluntad. Este tipo de relaciones amorosas siempre ha existido, pero era escaso. Hoy por hoy, con la cantidad de almas encarnadas que están comenzando a descubrir la infinitud del Universo, cada vez son más frecuentes las relaciones desapegadas.

LIMPIEZA ENERGÉTICA DE ESPACIOS

Una de las preguntas más comunes que suelen hacerme es sobre cómo limpiar energéticamente un espacio, pues muchas son las personas que intuyen la energía que suele haber en ciertos lugares. Por ejemplo, cuando entramos en un lugar que vibra más bajo que nosotros, al cabo de un rato, nos vamos a comenzar a sentir molestos, cansados e incluso con dolor de cabeza. Por el contrario, si el lugar vibra levemente más alto, nos vamos a sentir muy bien y, al salir de allí, continuaremos con esa energía armónica (aunque, de todos modos, si el lugar vibra excesivamente más alto, al ser muy grande la brecha de vibración, también nos va a comenzar a doler la cabeza, porque nuestro cuerpo no está preparado, todavía, para sostener esa frecuencia).

Sea como sea, los espacios físicos son una extensión energética de sus ocupantes; es decir, vibran de manera similar a ellos. Así, si un hogar está excesivamente desordenado, es un claro reflejo del desorden interno que tienen las personas que lo habitan; y, en cambio, si está excesivamente ordenado, es el reflejo del excesivo orden interno de los que viven allí (recordemos que los extremos siempre esconden carencias profundas). De hecho, hasta podemos ver cómo varía la vibración de un cuarto a otro en una misma casa, según la persona que lo ocupe.

Asimismo, si una casa tiene las paredes con humedad, si está sucia y descuidada o si se suelen romper los muebles o electrodomésticos, por poner algunos ejemplos, está reflejando las carencias internas de quienes viven allí. Podríamos seguir enumerando un sinfín de situaciones, pero lo importante es comprender que como es dentro es fuera.

Así, para tener un hogar, un auto, un taller o una oficina que estén íntegramente en armonía, es imprescindible hacernos cargo de nuestras carencias y emociones estancadas.

Todo ello también es válido con relación a los seres que ocupan otros planos; y es que, por pura ley de la atracción, y como ya vimos en el capítulo dedicado a este tema, vamos a atraer a nuestras vidas a seres, situaciones y experiencias que vibren similar a nosotros. De este modo, si estamos vibrando bajo, vamos a atraer hacia nuestro campo energético entes que vibren en esa misma frecuencia, como, por ejemplo, almas desencarnadas que estén en el bajo astral o parásitos astrales (que se alimentan de los campos energéticos de almas encarnadas). Por el contrario, si estamos vibrando alto, atraeremos seres luminosos hacia nosotros y los espacios que ocupamos. Sea como sea, recordemos que los seres que llegan a nuestros hogares o campos energéticos siempre tienen la función divina de hacernos de espejo para que veamos cómo estamos vibrando. Y, en el caso de que sean de baja vibración, la única manera de alejarlos definitivamente es sanando el imán que los ha atraído hacia nosotros, o sea, nuestras disfunciones.

Herramientas para acompañar este proceso

Mientras trabajamos en el proceso interno de sanación para dejar de atraer energías de baja vibración a nuestro espacio, podemos utilizar diversas herramientas para ayudar a que la energía fluya y que no se estanque.

La primera herramienta a la que debemos recurrir es la que tenemos más cerca, que, sin duda, es la limpieza física (a fondo). Es importante tener en cuenta que, donde haya suciedad física, habrá un imán para los parásitos astrales porque, donde se estanca energía física, también se estanca energía en otros planos. Por eso es importante mantener cierto orden, que el espacio no sea un caos donde los objetos estén tirados por ahí y no almacenar cosas viejas que estén en desuso, pues los objetos que se mantienen apilados y quietos por años estancan energía y ésta atrae seres de baja vibración. Debe haber dinamismo, y desapegarnos de las cosas viejas que no usamos es siempre una buena práctica. Tampoco es conveniente juntar basura, ya que los residuos del plano físico atraen a los de otros planos energéticos. Siempre ayuda mantener la vajilla limpia, que no se junten ollas y platos sin lavar en la pila. Y no está de más decir que, si tenemos problemas con inundaciones o caños tapados, solucionarlos no sólo permite que la energía vuelva a circular, sino que también nos puede ayudar a sanar la disfunción interior que generó que eso sucediera.

Si vivimos en una casa con ambientes que no se utilizan, donde no suele haber actividad humana, también es posible que se estanque la energía en esas zonas. Lo conveniente siempre es vivir en hogares donde se utilicen todos los espacios.

Asimismo, es bueno comprender que todos los seres que vivimos en la Tierra lo hacemos gracias a la energía que el Sol nos brinda, por lo que es vital para un espacio contar con su luz. Los ventanales luminosos son claves para la armonía de cualquier hogar, pues el Sol tiene la capacidad de transmutar e iluminar todos los planos, no sólo el físico. También hay que abrir las ventanas o puertas para que circule el viento y se renueve el aire, llevándose consigo todo lo viejo. Con realizarlo una vez al día, aunque sea por unos pocos minutos, ya es suficiente para que la energía circule y no se estanque.

Otro elemento importante es la música, que tiene naturaleza armonizadora y transmutatoria, por lo que, si hacemos sonar música de alta vibración, ésta armonizará el espacio. Claro que la música va a gusto de cada uno, pero las sonatas de Mozart o Beethoven son excelentes para este fin. De todos modos, lo importante es escuchar canciones y obras que nos gusten; si nos hacen bien a nosotros, le hacen bien a nuestro espacio.

El incienso o la aromaterapia son también herramientas muy efectivas. Los sahumerios que se realizan en la India realmente tienen una gran capacidad para elevar la vibración, pero también podemos usar carbón vegetal, mirra, copal, sándalo o benjuí, entre otros, y hacer circular el humo por cada espacio y rincón de la casa. La energía suele estancarse en los zócalos y esquinas, por lo que llevar el incienso hacia esos espacios transmuta y elimina la energía. Aunque, al hacerlo, debemos recordar que el amor y la intención que uno pone es determinante para lograr nuestro propósito, lo mismo si encendemos velas (el fuego también es un transmutatorio natural).

Las piedras y los cristales, como irradiadores de frecuencias elevadas que son, resultan igualmente adecuados para armonizar un ambiente. Los hay de diversos tipos y cada variedad brinda una energía diferente. Asimismo, las plantas, como todo ser vivo, aportan su energía y, en su caso, ésta siempre es alta. Por otro lado, otros transmutadores naturales son los gatos, que siempre elevan la vibración de un hogar. Si hay muchos humanos en una misma casa y hay baja vibración, es bueno tener más de un gato, ya que uno solo no puede transmutar tanta energía y con el tiempo podría tener problemas de salud por esto.

Finalmente, también hay personas que realizan sanaciones a través de símbolos. En estos casos, aplicarlos a un espacio colabora en la armonización.

Así pues, hay múltiples herramientas para ayudar a limpiar un espacio y cada uno puede sentir en su corazón cuál es la que más resuena con su energía. En todo caso, es importante seguir el pulso de nuestros sentidos físicos y entender que, si hay malos olores, ruidos molestos constantes o simplemente se ve feo, los planos energéticos estarán igual.

Si por alguna razón te está tocando vivir en un espacio con personas que vibran muy diferente o en un espacio que no tiene ventanas y en el que no circula el aire, no te ofendas, tómalo como aprendizaje; por algún motivo la vida te ha llevado hasta allí, aprende todo lo que puedas de esta experiencia. Pregúntate también si no es momento de cambiar, de tomar una decisión y convivir con personas que vibren en una frecuencia parecida a la tuya, o de buscar un lugar más luminoso, para poder tener un hogar acorde a tu energía. Si sigues este camino, lo conveniente es siempre cerrar cada proceso de manera amorosa, con sinceridad y paciencia. El cambio va a llegar cuando sea el momento indicado.

ALIMENTACIÓN

¿Qué comemos? Ésta es una pregunta que uno suele hacerse cuando comienza a expandir su conciencia. Partimos de la base de que somos espíritu y alma, pero también cuerpo, y éste vive gracias a la energía que lo nutre. El alimento que ingerimos se transforma directamente en nuestras células, órganos, huesos, músculos y piel. Esta comida, luego de ser procesada por nuestro organismo, se convertirá en parte de nosotros. Aquí surgen preguntas como: ¿qué cuerpo queremos tener? ¿Uno sano o uno enfermo?, ¿uno fuerte o uno débil?, ¿uno superficial o uno profundo?, ¿uno químico o uno natural?

El cuerpo humano es nuestro vehículo de experimentación en la Tierra. Es una máquina realmente magnífica que tiene la capacidad de soportar, disolver, transmutar y expulsar montones de sustancias que son dañinas para él. Todo lo hace aparentemente por sí solo, nosotros ni nos enteramos, pero todo tiene un límite. Y es que, aunque el cuerpo se recupere a cierta velocidad, si nosotros le metemos más sustancias dañinas de las que puede transmutar, al cabo de unos años enfermará.

Todo lo que nuestro cuerpo necesita para estar nutrido está en la energía que nos brinda el Sol. Para nosotros, los humanos, es muy difícil absorber los nutrientes de su energía directamente, por esta razón, necesitamos intermediarios que la procesen y la sinteticen para luego poder ingerirla. Así, cuando comemos frutos de los árboles, plantas o arbustos, estamos ingiriendo la luz del Sol sintetizada una sola vez, por lo que es una fuente muy nutritiva y conserva gran parte de sus propiedades originales. Cuando comemos animales, sin embargo, la luz del Sol ha sido sintetizada dos veces. Primero por las plantas, pastos, arbustos o árboles, y luego por el animal que comió esos verdes y que nosotros estamos ingiriendo. Esta fuente de nutrición es menos saludable que la anterior, que fue sintetizada una sola vez. Finalmente, cuando comemos productos de la industria alimentaria, estamos ingiriendo alimentos que han sintetizado la luz del Sol como mínimo dos veces. Pues primero lo hizo el reino vegetal, luego el animal y luego el humano a través de mezclas, hornos, químicos, conservantes y demás procesos.

Cuanto más pura sea la energía solar que ingerimos, más nutrido estará nuestro cuerpo.

Existen numerosas y diversas dietas alimentarias, e incluso algunas se contradicen entre sí. Siento que lo que comemos está ligado al proceso que estamos haciendo en la vida y todas las variedades de dietas son válidas. Lo que hay que comprender es que, según cómo queramos vivir y vibrar, y lo que elijamos hacer en nuestra vida, sentiremos un tipo de dieta u otra. Todo lo que ingerimos está directamente relacionado con nuestro nivel de conciencia y nuestro modo de vivir. Lo mejor que podemos hacer es no seguir dogmas religiosos, culturales o sociales para elegir cómo alimentarnos, sino simplemente sentir en el corazón qué es lo que nuestro sistema energético y nuestro cuerpo necesitan.

Sólo tu corazón y tu cuerpo saben realmente qué es lo que necesitas para estar saludable.

Lo más sano es no ceñirse a una dieta dogmática y simplemente comer con el corazón. Puede que no suelas comer quesos y, un día, en una ocasión particular, sientas hacerlo. Es maravilloso que te regales tu sentir. Lo mismo sucede con las carnes o las harinas.

Para ayudarte a comprender, nombraré algunas de las distintas dietas con los nombres que les da nuestra sociedad:

- Carnívora: incluye carnes de animales y todo tipo de alimentos.
- Vegetariana: incluye todos los alimentos a excepción de las carnes, aunque algunos vegetarianos comen pescado. Los ovolactovegetarianos, además de vegetales comen huevos y lácteos.

- Vegana: excluye todo tipo de alimento de origen animal (ya sean lácteos, huevos o miel, entre otros).
- Crudivegana: no se come nada de origen animal ni se cocina ningún alimento, ya que, al hacerlo, se pierden muchos de sus nutrientes por la destrucción de enzimas que se produce cuando se los expone a más de 43 grados centígrados. En esta dieta tampoco se comen harinas.
- Celíaca: excluye el trigo, la cebada y el centeno.
- Fructífera: incluye solamente frutos.
- Pránica: no se ingiere ningún tipo de alimento. Quienes practican esta dieta son personas que tienen un alto conocimiento interior y espiritual, por lo que viven en comunión con el Universo, alimentándose del *prana* («aire inspirado» en sánscrito). Algunos de los que la siguen lo hacen a través de la respiración, otros realizando baños de Sol y algunos ingiriendo solamente agua.

Carnes

Ciertamente, comer cuerpos de animales muertos densifica la vibración. Sin embargo, hay muchas personas que necesitan de esa densidad para poder afrontar ciertas situaciones de su vida, como por ejemplo un trabajo estresante, ambicioso y poco fluido. Por otro lado, la humanidad se nutre de carne desde hace miles de años, por lo que nuestro cuerpo álmico (los chakras) se ha enraizado en la Tierra a través de este alimento. Si ahora, de golpe, le quitamos la carne, ya sea por ideales o por moda, lo que puede llegar a suceder es que nos desenraicemos y nos cueste trabajo afrontar la rutina.

En el caso de querer hacer un cambio en nuestra dieta, es necesario escuchar nuestro corazón y nuestro cuerpo, pues sólo así vamos a ingerir lo que realmente necesitamos. Entonces, si sentimos dejar de comer carne, lo haremos de manera paulatina, para que el cuerpo vaya elevando su vibración sutilmente y un día ya no la necesite. El proceso normalmente consiste en pasar varios días sin comer carne, luego un día sí, otros no, y así hasta que un día nos encontraremos sin la necesidad de comerla más.

Hay que tener en cuenta que a nuestro cuerpo le cuesta mucho trabajo digerir la carne; tarda horas en hacerlo e invierte mucha energía de la que, de no comerla, puede disponer para otras actividades. Después de comer carne, mucha gente necesita descansar para poder hacer la digestión. Sin embargo, con comidas más livianas en la cantidad justa, esto no sucede.

Por otro lado, muchas veces algunos restos ínfimos de carne no logran ser digeridos y quedan impregnados en las paredes del aparato digestivo. Con el paso del tiempo, se pudren y pueden llegar a generar enfermedades.

Si comer carne te dio siempre rechazo, no la comas; está claro que tu cuerpo no la quiere. Para darte cuenta de si tu cuerpo y tu sistema energético la necesitan o no, pregúntate qué te sucede si piensas en el animal vivo del cual surgió esa carne, ¿podrías ver cuando lo matan para luego cortarle un pedazo de sus músculos, cocinarlo y servirlo en tu plato?, ¿podrías incluso cazarlo y matarlo tú mismo?

Si la respuesta a estas preguntas es que no podrías, pero te gusta comer carne, entonces es probable que tengas una confusión interior (te cuesta hacerte cargo de tus emociones). No estás siendo coherente, porque el sentir, pensar y hacer difieren entre sí. No hay problema si esto sucede, estamos aquí para aprender y hacerlo nos va a llevar, como mínimo, toda la encarnación. Piensa que mucha gente come carne sin ser consciente del sufrimiento que hay detrás de ese plato de comida. De todos modos, los animales que son asesinados en los mataderos kármicamente necesitan vivir la experiencia de que los maten para convertirse en alimento para los humanos. Dentro de algunos años, cuando la Tierra esté vibrando íntegramente en quinta dimensión, ya no habrá más animales que necesiten vivir esta experiencia (de hecho, ya cada vez hay menos). Por esto mismo, muchos humanos estamos comenzando a comprender que nuestro próximo paso como especie es dejar de comer a nuestros hermanos, los animales.

El aspecto más oscuro de comer carne en la actualidad no es el hecho de comer a un animal muerto, sino el sistema que el capitalismo ha diseñado para generar mayores ganancias en detrimento de la vida de los animales. Los hacen engordar y crecer rápidamente en un ambiente hostil, carente de amor, donde los maltratan continuamente. Estos animales viven su corta vida con miedo permanente, eso quiere decir que sus células vibran sufrimiento. De este modo, cuando una persona ingiere estos cuerpos, está tragando miedo y sufrimiento que luego se convertirán en parte de sus células. Claramente, a esta persona le puede llevar mucho trabajo interno encontrar bienestar, pues su alimento no lo ha tenido. Así, para ser una persona liviana y que fluya en la vida, en comunión con la naturaleza y con los animales, tal vez la carnívora no sea la dieta conveniente...

Plantas, frutos y vegetales

Siento que todo lo que necesitamos para estar bien nutridos podemos obtenerlo de los frutos y vegetales, con lo que no hay que quitarle la vida a nadie. Muchas especies del reino vegetal suelen producir frutos que al cabo de un determinado tiempo se sueltan de la planta o del árbol. Si nadie los toma, se pudren, se secan y se convierten nuevamente en tierra. Son un verdadero regalo del Universo. Es perfecto tomarlos y alimentarnos de ellos.

Una experiencia maravillosa y verdaderamente simple, dentro de las posibilidades de cada uno, consiste en sembrar y cosechar nuestro alimento. Cuando cultivamos plantas con amor para que luego nos brinden sus frutos, por pura ley universal, esos frutos estarán compuestos con toda la energía que nos falta para equilibrarnos. Es decir que, si estamos sensibles y realizamos un proceso interno de amor y de reconocimiento hacia las plantas, sus frutos serán una verdadera medicina para nosotros. Cuando disponemos de un jardín o un lugar donde plantar, también sucede que hay plantas que crecen por sí solas. Son semillas que fueron traídas por el viento o algún pájaro, y son exactamente las que necesitamos para equilibrar nuestro organismo. Nada es casual y estar atento a estas sincronicidades es clave para estar saludables.

Legumbres y cereales

Las legumbres y los cereales son una extensa fuente de nutrientes y de energía, y pueden ser un pilar muy saludable de nuestra alimentación. Al igual que las frutas y los vegetales, son alimentos que, bajo ciertas condiciones de cultivo, sin quitarle la vida a nadie, podemos recoger. Además, son alimentos que, sin refinar por el hombre, también contienen la energía del Sol procesada una sola vez.

Hay que tener en cuenta que, si bien las harinas están hechas a base de cereales, eso no quiere decir que sean saludables. En realidad, son muy pesadas para nuestro organismo (le cuesta trabajo digerirlas). Si queremos comer más saludable y sin renunciar a las harinas, la mejor opción es comer integral o las que son aptas para celíacos, pues cuanto menos refinada sea la harina, menos dañina será.

• • •

Lácteos y huevos

Muchos creen que los lácteos son saludables porque son una abundante fuente de calcio, pero no es verdad. De hecho, los humanos, desde que nos destetamos, perdemos la capacidad de asimilar la leche y sus derivados, por lo que éstos comienzan a ser perjudiciales para nuestro organismo.

Los lácteos que producimos hoy en día como sociedad provienen de la explotación de las vacas. Muchos creen que éstas producen la leche naturalmente y que, como les sobra, los humanos la utilizamos. Eso tampoco es cierto. Para que la vaca produzca leche, al igual que todo mamífero, necesita quedar embarazada y dar a luz. Para que esto suceda, la industria insemina de manera artificial a la vaca para embarazarla, una y otra vez. Cuando el ternero nace, si es macho, le toca el matadero y se venderá en los supermercados como carne de ternera; si es hembra, sufre el mismo destino que su madre y quedará para toda su vida atada a unos tubos que nunca dejarán de sacarle leche. Al vivir en condiciones horribles y estresantes, en carencia de amor, tienen una media de vida muy corta en relación con otro tipo de vacas. Además, cuando dejan de producir la leche que necesita la industria, automáticamente se las manda al matadero y se procesa su carne.

Hay numerosas maneras de hacer leches y quesos veganos, sin explotar a ningún animal.

De igual modo sucede con los huevos. Habría que preguntarles a las gallinas qué opinan de las condiciones deplorables en las que viven para poder producir lo que el sistema demanda (hay que saber que las estimulan artificial y químicamente para que lo único que puedan hacer sea poner huevos y, de hecho, ponen veinte veces más que una gallina ponedora en condiciones naturales).

¿Queremos vivir en un mundo en donde explotamos y aniquilemos a los animales para satisfacer nuestros gustos?

Alimentos industriales

Como el sistema productivo está basado en reducir costos y maximizar beneficios, o sea, en gastar menos y ganar más, la industria alimentaria ha llegado a un punto peligroso para nuestra nutrición, y es que los insumos que utilizan, cada vez más baratos, bajan la calidad de los alimentos. Por poner un ejemplo, los químicos y conservantes que alargan al máximo las fechas de vencimiento, para no perder mercadería en la cadena de distribución, están al borde de lo tóxico. De hecho, basta con leer los ingredientes de cualquier alimento envasado para darnos cuenta de que más de la mitad son componentes extraños, como el glutamato monosódico. Éste es un potenciador de sabor que, como consecuencia, inhibe el centro de saciedad del organismo; o sea, no nos permite notar que no tenemos más hambre y, por ende, comemos más de lo que el cuerpo pide.

Si nos ponemos a pensar, cuando comemos fruta, llega un punto en el que ya no sentimos ganas de seguir comiendo; la misma fruta nos provoca una especie de rechazo. Ésa es la forma que tiene el organismo de avisarnos de que ya está lleno. En cambio, cuando comemos comida envasada con glutamato monosódico, esto no sucede. Uno siempre quiere más.

Si una salsa de tomate natural en pocos días se pudre, ¿cómo puede ser que una industrial dure dos años? Si observamos sus ingredientes nos vamos a encontrar con químicos que dañan el organismo lentamente.

> *De niño, antes de cada comida le preguntaba a mi madre de dónde provenía lo que iba a comer. Cuando me contaron que la carne venía de la vaca, ya no la quise comer más. Pasaron los años y, como me dolía ser distinto de los demás y, sobre todo, que me discriminasen, volví a comer hamburguesas de vaca. Cuando cumplí veinte años y tuve la experiencia de conectarme con mi esencia, automáticamente dejé de comer carne otra vez. Así, poco a poco, fui comprendiendo lo que necesitaba mi cuerpo para estar bien alimentado. No obstante, decidí permitirme disfrutar de estar aquí en la Tierra, no ser fanático, ni tan exigente con todo, y dejar que los cambios ocurrieran de manera natural. Así, a pesar de que tengo bien claro que el queso y las harinas no son saludables, no me generan rechazo. Por eso nunca compro queso ni tampoco harinas, pero cuando voy a la casa de alguien a comer y hay*

queso de entrada y tortas de postre, me permito comer si así lo siento.

En la alimentación no sirven los dogmas, tampoco el fanatismo, pues no llevan a buen puerto. Claro que la voluntad para dejar de comer algo es magnífica; pero, si por no comer queso arañamos las paredes de los nervios, ya no sirve. Los beneficios de no comer queso nos los quita el estrés. Asimismo, si juzgamos a los carnívoros, caemos en la misma vibración que tendríamos si hubiésemos comido carne.

Debemos recordar que vivimos en un mundo con diversidad de pensamientos y sentires. Éste es nuestro legado más hermoso. Aprender a vivir con respeto es el mejor regalo que nos podemos dar como especie.

EL DÍA Y LA NOCHE DEL ALMA

Como vimos en el capítulo de la trinidad, en todo existe la luz y en todo existe la oscuridad. Por mucho tiempo creímos que, si alguien es luminoso, no es oscuro; y que, si alguien es oscuro, no tiene luz. Sin embargo, lo cierto es que en todos los sistemas y seres hay luz y oscuridad, que por pura ley universal busca equilibrarse. Reconocer y abrazar nuestra oscuridad nos lleva a la sabiduría, comprensión y compasión; negarla nos lleva a vivir situaciones densas continuamente.

La naturaleza del equilibrio nos muestra que, si en una ciudad existe mucha oscuridad, en la misma medida existirá mucha luminosidad. En un país donde se vibra muy bajo, también en la misma medida se vibra muy alto. No es coincidencia que los grandes genios de la humanidad hayan nacido en contextos muy densos.

Todo busca equilibrarse. Con los procesos que vivimos en la vida es igual: hay ciclos en la historia del alma que son luminosos y otros que son oscuros. La clave es poder comprender el movimiento del día y la noche del alma, y entender que es más fácil trabajar nuestra oscuridad cuando estamos en un proceso luminoso que reconocer nuestra luz cuando estamos en un proceso oscuro.

Cuando comenzamos a comprender nuestra naturaleza espiritual, es normal vivir una etapa de meses, o incluso años, en donde vibramos muy alto sintiendo el amor universal en nosotros y en todo; un tiempo en donde sentimos nuestra luz, sabiduría y seguridad ante la vida, y en el que contemplamos con una profunda compasión cada situación densa. Naturalmente, después de un tiempo luminoso, nuestra oscuridad se va a manifestar trayéndonos duda, incertidumbre y experiencias densas para poner a prueba toda nuestra luz. Todo es parte de un ciclo, y la serenidad con la que lo vivamos determinará cuánto aprendizaje le sacamos a cada etapa que el alma nos entrega.

El tiempo no es lineal, es circular y avanza en forma de espiral. A lo largo de la vida nos vamos enfrentando a los mismos procesos, pero en distintos momentos y con otras experiencias. El fin es aprender de cada ciclo, para que, cuando volvamos a vivirlo, pero en otro nivel, nos venga a enseñar nuevos y más profundos aprendizajes. Este movimiento nos enseña a integrar todas nuestras etapas; porque, si hemos vivido un ciclo luminoso y uno oscuro en plenitud, sabremos que el nuevo tendrá una luminosidad mucho más intensa y expandida.

EL MAESTRO INTERIOR, LA LLAVE DE LA AUTOSANACIÓN Y LA VERDAD

Desde hace miles de años vivimos buscando a Dios fuera de nosotros. Muchas son las religiones que han impuesto maestros externos, como curas, rabinos o gurúes, por citar unos pocos ejemplos. Nos han inducido a seguir las enseñanzas de hombres que se han proclamado dueños de verdades que ni ellos mismos conocían plenamente, porque, como todos, también las estaban buscando y aprendiendo. Nos mantuvieron atados a través de los dogmas y, mientras con una mano nos daban sabiduría, con la otra, al mismo tiempo, nos la quitaban.

Como vimos en distintos pasajes del libro, somos parte del cuerpo de Dios. Buscarlo únicamente por fuera de nosotros nos conduce al fracaso espiritual.

También señalamos que todos los seres tenemos un camino a seguir, una ruta de evolución y solamente nosotros, en nuestro interior, podemos saber con certeza cuál es. El alma sabe la verdad, sólo hay que intentar escucharla. Es la forma certera de avanzar, porque nadie externo nos puede decir cuál es nuestra ruta, sólo nuestro corazón.

Asimismo, hay que comprender que no hay mal o bien, que todo es parte del aprendizaje. No existe el pecado, simplemente cometemos errores, que aprendemos a abandonar, porque comprendemos que transitarlos nos trae sufrimiento.

El verdadero gran maestro, en definitiva, el que mejor nos va a saber guiar, somos nosotros mismos. Ese maestro reside en nuestro corazón, en nuestro sentir.

Pero la vida no trata solamente de vivir dentro, en introspección, ni tampoco trata de vivir siempre hacia fuera: la vida es un equilibrio entre estos dos aspectos.

Para que este maestro interno se despierte, es imprescindible interactuar con el afuera, porque el mundo está repleto de enseñanzas y todos los seres con los que interactuemos también serán maestros para nosotros. Nos estamos enseñando continuamente, y continuamente estamos aprendiendo, sea de manera directa o indirecta.

En cualquier caso, de todos los maestros, el único que siempre va a conocer nuestra más fina verdad es el que se encuentra en nuestro interior y es él el que debe tener la última palabra a la hora de tomar decisiones, pues es quien coteja lo que ha aprendido de los demás maestros y discierne para luego incorporar las experiencias.

Hay infinitas formas de aprender; cada persona con la que interactuamos, cada relación social, cada experiencia o situación nos trae algún aprendizaje a nuestras vidas. Éstos pueden ser maravillosos, pero también en cada pelea o discusión hay algún aprendizaje; algo que trabajar, que sólo comprenderemos si nos cuestionamos por y para qué llegó a nuestras vidas, si damos a nuestro maestro interior la posibilidad de expresarse y de guiarnos.

En resumen, el camino de evolución es observar lo externo, pasarlo por el filtro del corazón y obtener el aprendizaje para luego ponerlo en práctica, para sanar.

Experiencias externas + análisis interno = aprendizaje
Aprendizaje + puesta en práctica = sanación

Si bien todos los caminos conducen a Dios-Universo, cada camino álmico es único. Por lo tanto, cada alma puede tener una versión distinta de la misma verdad. Así, es muy valioso e importante respetar las opiniones y los caminos ajenos. Sólo debemos concentrarnos en el nuestro, y brindar ayuda si nos la piden, pero sin esperar algo a cambio.

En este sentido, resulta importantísimo comprender que todos somos iguales, que nadie es ni más ni menos que otro. Pues, si ponemos a alguien por encima o por debajo de nosotros, nunca llegaremos a ser independientes y no podremos llegar a escuchar a nuestro maestro interior, nuestra voz. Tampoco podremos vivir en amor, ya que, para vibrar en él, hay que poder ver la igualdad en todo.

También es importante aclarar que la frontera entre la voz del corazón y la del ego es muy fina, y que no hay nada más engañoso que un ego con conocimientos espirituales, pues se hará pasar por la voz del corazón exponiendo falsos ideales. Para evitarlo, hay que recordar que el corazón no siente temor, es sincero y práctico. Y es que para crecer hay que tener la capacidad de ser sincero con uno mismo. Por eso, ahora que llegamos al final del libro, te pregunto: ¿estás preparado para hacer visible lo invisible?